FAMILIAS
TRANSFORMADAS

Consejos prácticos y efectivos
para RESTAURAR la vida en pareja y
la crianza de los hijos.

DRA. ISABEL ALACÁN

Para otros materiales, visítanos en:
GuipilPress.com

Güipil Press primera edición 2018
www.GuipilPress.com

Editora en Jefe: Rebeca Segebre
Edición: Victoria López, Lou Torres
Diseño: Victor Aparicio / Victor911.com
Fotografía del autor: Victor Aparicio / Vive360Media.com
ISBN-13: 9781796455274

Categoría: Crecimiento personal / Autoayuda / Vida práctica / Inspiración
Category: Personal Growth / Self-Help / Practical Living / Inspiration

Elogios para Familias Transformadas

« Si algo refleja Isabel Alacán en su libro "Familias transformadas" es que, por muy difícil que parezca, por muy titánica que sea la tarea, por mucha desesperanza que podamos sentir, todos podemos convertirnos en mejores padres, mejor pareja, mejor amigo, hijo o hermano. Sucede que en el ajetreo de nuestra vida diaria perdemos de vista el valor de la cotidianeidad. Le negamos la presencia física y emocional a nuestros seres queridos, lo que lleva a un caos en nuestras relaciones.

En su libro, Isabel nos lleva por un recorrido por el verdadero entendimiento del adolescente, del niño, del significado del perdón y de otros conceptos básicos para mejorar nuestras destrezas.
Es una guía práctica y sencilla simplemente para hacer de cada uno de nosotros alguien excepcional ».

Diana Montaño
Periodista y escritora

« ¡Estoy segura que este libro te dará las herramientas necesarias para transformar tu vida y la de tu familia! Deja que Dios hable a tu oído a través de "Familias transformadas"».

Jacky Barrios
Periodista y Comunicadora

«Todo lector, ya sea hombre o mujer, va a disfrutar de la sabiduría de estas enseñanzas... La Dra. Isabel nos ofrece en este libro estrategias valiosas necesarias para que la transformación acontezca a través de la renovación mental en la persona y que se trasladarán a la vida familiar. Sustentado por los testimonios de sus fieles seguidores de la radio y sus pacientes de los últimos 20 años. ¡Lo recomiendo de corazón!»

Rebeca Segebre
Autora y Presidenta de Güipil Press

Dedicatoria

Dedico este libro primeramente a mi Padre Celestial,
a mi amado Jesús y al dulce Consolador, el Espíritu Santo.
Mi Dios eres lo primero en mi vida.
Jamás imaginé que un día llevaría un mensaje de
transformación a través de un libro.

A mi amado esposo Luis y a cada familia, especialmente a
la mía, ustedes son el tesoro más preciado en esta tierra,
sin su apoyo, hubiera sido imposible.

A mi hijo que partió al cielo antes de nacer.
Aunque no pude verte con vida, me enseñaste muchas cosas
en tan corto tiempo. Me preparaste para poder ayudar a
tantos padres que han sufrido la pérdida de un hijo.
Sé que esperas a mami en la eternidad.

A mi papá terrenal, Marco "Fulito", aunque partiste antes de ver este logro, sé que estarías muy orgulloso de tu hija. Nos dejaste un legado del buen humor y de apreciar las cosas sencillas de la vida. Sé que en la vida eterna nos encontraremos.

También lo dedico a cada familia de inmigrantes que, a pesar de las separaciones, luchan día a día por dar lo mejor de sí a sus seres amados. Y a los que, aunque no sean familia de sangre, el lazo de amor los une profundamente.

Con mucho cariño le dedico este libro a mi gran familia de la fe, a mis hermanos en Cristo, confío en Dios que recibirán una Palabra de Dios que los transformará, para que puedan ser de bendición a otros.

Dra. Isabel Alacán

Agradecimientos

Gracias al amado de mi corazón, mi Padre Celestial, porque me escogió desde antes de la fundación del mundo para ser parte de su plan perfecto y por darme el gran privilegio de poder llevar un mensaje a todas las familias. Gracias, Jesús, por tu gran amor y misericordia, por entregar tu vida por cada uno de nosotros y darnos el regalo de la vida eterna. Gracias, Espíritu Santo, por guiarme y revelarme el plan de Dios en este libro.

A mi amado esposo Luis, mi compañero y mejor amigo de muchos años, gracias por tu apoyo y amor incondicional, por estar siempre fielmente ahí y por desempeñar la posición de sacerdote de nuestro hogar. Sin ti, hubiera sido ¡imposible!

Gracias a mis hijos, Diana y Luis Jr., por comprenderme y apoyarme en este proyecto de muchos años. Ustedes son parte de este testimonio de que cuando se cría a los hijos en el amor de Dios, con respeto y disciplina, se hace gente productiva a la sociedad, sensible al dolor ajeno y con un corazón dispuesto a ayudar. ¡Gracias por ser unos hijos llenos de amor!

A mi yerno Isaac, gracias por ser un esposo y padre ejemplar, que más que un yerno, es nuestro hijo. Gracias a mis tres nietos, Lucas, Rachel y Lily; cada uno de ustedes son el sol que alumbra nuestros días, somos bendecidos en esta nueva etapa de abuelos.

Muchas gracias a mi madre Mila, que me enseñó lo que es el compromiso, la lealtad y la responsabilidad. Con hechos, nos muestras lo que es la verdadera unidad familiar, y la importancia de la educación, gracias por inculcarme la lectura desde muy pequeña, con la sabiduría divina.

A mis hermanas y hermanos, gracias por ser parte de mi vida y mantener esos corazones sensibles a las necesidades de otros. A mis amados sobrinos, sigan adelante en cada uno de sus sueños.

A mis queridos suegros, Carlos y Haydee, gracias por su amor incondicional, por criar y educar al mejor esposo. Gracias Don Carlos por creer y afirmarme en el potencial que Hashem Adonai me dió y declarando, desde que llegué a este país, lo que Dios haría, a pesar de mi incredulidad.

A María Britto, que con cariño llamamos Marivi. Agradezco a Dios por encontrarte cuando recién conocía del Señor. Por tus sabios consejos y porque no dudaste en decirme lo que Dios te mostraba, aun cuando en ese tiempo no entendía muchas cosas. Has sido de gran bendición y aprendí contigo a moverme por fe.

A mi amiga Virginia Lantigua, una mujer que cuando la conocí, no vió lo que el hombre veía, sino lo que Dios veía, y me lo dijo, aunque no lo comprendía en ese entonces. Gracias porque has sido de gran apoyo en mi vida, porque me hablas directamente y no andas con rodeos.

Gracias a Silvia y Libardo, personas que definen lo que es una desinteresada y verdadera amistad. Personas íntegras y de genuina humildad. Con un gran corazón dispuesto a servir en todo momento.

A mi amiga Victoria López, mi Vicky hermosa, por acompañarme y apoyarme desde el principio en este proyecto. Has sido un pilar en la preparación de este libro.

Muchísimas gracias a Rebeca Segebre y a Víctor Aparicio, de Güipil Press, por trabajar con excelencia, dedicación, profesionalismo y sobre todo, por su paciencia conmigo cuando este proyecto atravesaba un momento crucial. Llegaron en el momento perfecto de Dios.

Gracias a mis grandes amigos de este medio que me han inspirado y de quienes he aprendido tanto sobre las comunicaciones. Gracias Laura Dávila, Adrián Pontes y Eli Vera, David González y Cherith. A la gran familia de Almavisión y en especial a los pastores Caamaño y Tinoco, por darme la oportunidad de estar en las ondas radiales y de llevar un mensaje de esperanza y transformación a tantas personas alrededor del mundo.

Por último, pero de muchísimo valor, con todo mi amor y respeto, quiero agradecer a todas y cada una de las personas que he conocido en este caminar como psicoterapeuta. Agradezco el privilegio tan especial de haber trabajado con cada uno de ustedes. Han sido de valor añadido a mi vida al compartir sus experiencias, de las cuales he aprendido muchísimo. Estoy eternamente agradecida desde el más pequeño hasta el mayor; gracias por darme la oportunidad y la confianza de haber trabajado con ustedes y acompañarlos a cada uno en sus procesos.

Gracias, mi Dios, por la gran bendición es ser parte de este Reino Maravilloso y tener la oportunidad de servirte.

Contenido

Introducción

He escuchado tantas veces parejas que dicen frases como "los padres no tenemos un libro de instrucción para criar a nuestros hijos", "cada vez entiendo menos a mi hijo adolescente", o tal vez preguntas como "¿por qué mi esposo se comporta de cierta manera?"

Estas son interrogantes que casi todos los padres, esposos o abuelos se cuestionan en algún punto de sus vidas.

Este libro ha sido una inspiración divina nacida de la necesidad de tantas familias, así como la tuya y la mía, de tener conocimiento escrito especialmente para los padres.

Las familias perecen porque les falta conocimiento. Es muy importante comprender las etapas de la familia, cómo funciona el sistema familiar y comprender que cada ser humano es diferente, por lo tanto, cada familia es única.

¿Cómo piensa un niño?

¿Cómo comprender las etapas y los desafíos de un hijo adolescente?

¿Cómo sé que he perdonado?

¿Cómo me comunico en situaciones controversiales?

Este libro, es un recurso de esperanza para las familias, basado en los 20 años de mi experiencia en el área psicológica en los Estados Unidos, trabajando cada día con personas en crisis y por la gracia de Dios he visto la restauración de muchas familias. Este libro ofrece estos mismos consejos y herramientas que han sido probadas en mi consultorio con éxito. Los recursos presentados en este libro pueden llevar una familia del caos a la estabilidad emocional y armonía en el hogar.

En este libro encontrarás destrezas que puedes aprender y que tienen la capacidad de transformar positivamente el ambiente de tu hogar en la etapa de la crianza de los niños, la adolescencia y también cuando llegan los nietos.

El libro está escrito para que cualquier persona pueda leerlo, ya sea un profesional o un padre de familia, y pueda aplicarlo en cualquier situación. Lleva al lector al autoconocimiento lo cual lo libera de la auto conmiseración, auto compasión o exceso juicio

En este libro encontrarás herramientas, consejos y vivencias. Ejemplos sólidos de la vida real, con testimonios y experiencias que explican y respaldan cada uno de mis consejos. Estoy segura que te ayudarán a comprender mejor a cada miembro, especialmente a los más pequeños de la casa.

Hace alrededor de ocho años, una mañana regular de trabajo, Dios me levantó más temprano de lo común y sentí cómo hablaba a mi corazón y me decía lo siguiente: "Vas a escribir un libro especialmente para la familia, anota lo que te voy a decir." Inmediatamente tomé lápiz y papel y comencé a escribir cada uno de los títulos que, literalmente me fue dictando en un periodo relativamente corto.

Pensé sería algo que me tomaría un par de años para completar lo que hoy expreso en este libro, pero estaba muy lejos de esa realidad en ese entonces.

Me ha tomado vivir experiencias nuevas, no solo en mi vida personal, sino en la profesional para llegar al punto donde Dios quiso que llegara para poder compartir con cada uno de ustedes lo que hoy está plasmado en cada capítulo de este proyecto.

En este libro no solo comparto mi conocimiento académico en el área psicológica, sino que también les comparto algunas de mis experiencias con varios pacientes, a quienes he podido conocer a lo largo de mi carrera y que han enriquecido mi vida.

Además, les abro mi corazón y les ofrezco mi experiencia personal en los diferentes papeles o roles, como hija de Dios, esposa, madre, hija, hermana, abuela y amiga.

Me siento muy complacida al poder, con todo mi amor, exponer un pedacito de mi vida en cada capítulo donde podrán conocer un poco más de mí y saber que todos, incluyéndome, pasamos por situaciones difíciles y alegres. Esto es parte de vivir en este mundo caído, pero sabiendo que tenemos a un Dios Todopoderoso que nos acompaña en cada instante de nuestras vidas.

Le pido a Dios que este libro pueda ser de gran bendición en sus vidas.

Si tienen testimonios o algún comentario, me pueden escribir a mi email personal:
doctoraisabelalacan@gmail.com

1
LA IMPORTANCIA DE LA INDIVIDUALIDAD

¿Quién soy?

Te has preguntado alguna vez "¿quién soy?" Pues no estás solo, todos en algún momento de nuestras vidas nos hemos hecho esa pregunta, especialmente en la etapa de la adolescencia o preadolescencia, donde estamos en una transición de niño a adulto y comenzamos a tener muchas interrogantes e inquietudes acerca de nosotros y el mundo que nos rodea.

Definitivamente somos seres individuales, creados únicos, pero al mismo tiempo somos seres sociales, es decir, diseñados para hacer parte de una familia, de una sociedad y, de la misma forma, compartimos muchas características semejantes los unos con los otros.

Dios dijo desde Génesis, que no era bueno que el hombre estuviese solo, y le hizo su ayuda idónea o adecuada. Aunque Eva fue formada de la costilla de Adán, ella tenía su propia individualidad, fue un ser único y diferente a Adán.

Eva fue creada físicamente diferente, con una manera de pensar diferente (porque el cerebro de la mujer y el hombre tienen una manera de funcionar diferente). Dios creó cada ser humano con características específicas y especiales, con talentos, dones, habilidades y un propósito específico.

Somos seres únicos

Venimos con un paquete de características de personalidad, complejas, muchas veces complicadas, pero únicas. Cada uno de nosotros tenemos una combinación de herencias genéticas por parte de dos personas diferentes, papá y mamá, que hacen a cada uno de nosotros únicos en el mundo.

Aún en lo físico, no hay dos seres humanos idénticos, ni siquiera los gemelos idénticos son iguales porque las huellas digitales los diferencian y muchas veces, aunque se parecen mucho físicamente, sus personalidades son completamente diferentes también, su carácter y hasta en sus temperamentos se diferencian en muchas ocasiones.

Por esta razón no podemos esperar que un hijo se comporte igual que el otro, ni que tengan los mismos gustos, ni siquiera que miren las cosas desde el mismo punto de vista.

Mi madre tiene una gemela idéntica, recuerdo que desde muy pequeños mis hermanos y mis primos podíamos diferenciar a nuestras madres, pero el resto de la familia, muchas veces se confundía. Aunque aparentemente son iguales, hay características que las hacen únicas. En su personalidad podemos notar que son diferentes, su tono de voz, aunque muy parecido, tienen algo especial cada una que la distingue de la otra.

Puede haber un par de gemelos idénticos que crecieron en la misma casa, los mismos padres, hermanos, y si de repente uno de ellos tiene una mala experiencia donde fue testigo de un accidente, por ejemplo, la exposición a este accidente podría crear un trauma en esta persona y esto causará inmediatamente un cambio en su manera de ver la vida, su manera de pensar y por lo tanto, en su manera de actuar.

Mientras que el otro hermano no tuvo la misma experiencia, esta situación vivida por el otro, lo afectará definitivamente, pero de la manera que lo afecte también dependerá de su manera de confrontar las dificultades de la vida o su manera de procesar situaciones difíciles.

No podemos esperar que todos nuestros niños sean iguales, por eso es necesario que los padres presten atención e identifiquen esos rasgos diferentes e individuales de cada hijo y los hagan sentirse especiales a cada uno. Los padres no deben hacer evidente que tienen preferencia por un hijo, compararlos o hacer mención que este se comporta mejor que aquel, esto hace mucho daño al niño.

Lo único que logrará es hacerlo sentir menos que el otro y querer compararse con otros cuando sea grande. Padre: es importante que aceptes a cada hijo con su manera específica de ser y que no trates de cambiarlo, cada uno tiene cualidades diferentes que son únicas, así nos hizo Dios.

Ahora, es verdad que como padres debemos corregirlos, instruirlos y enseñarlos, pero nunca comparándolos con otros. Más adelante veremos en el capítulo "Instruyendo al niño", detalles de cómo enseñarles.

Cuando entendemos la individualidad de cada persona, entonces aprenderemos a respetarla y a tratar de comprender y tratar a cada uno de acuerdo a lo que son como ente individual y único. He escuchado a gente decirme: "pero es que su hermano es tan diferente, es dócil, tranquilo"; y yo le contesto que cada ser humano es diferente y que hay que destacar lo mejor de cada uno de sus hijos. Seguro que cada uno de ellos tiene cualidades igual de importantes, así que es bueno resaltar el potencial individual y concentrarse a sacar lo mejor de cada uno.

Dios nos creó a cada uno de nosotros con un plan específico, con características distintas, físicamente únicos, con diferentes tipos de carácter y un cerebro específicamente diseñado para el propósito individual. Según estudiosos del cerebro y de su estructura, cada ser humano tiene un cerebro específicamente diseñado para cumplir con el plan de Dios en la tierra. Aunque todos tenemos los mismos componentes y estructura cerebral, la manera en que los "cables cerebrales" están conectados en cada ser humano es única para desempeñar el llamado y el propósito por el cual estamos en la tierra.

Los padres deben tener siempre presente la individualidad de sus hijos y, por lo tanto, tomarse el tiempo para ver sus inclinaciones, sus gustos, su diferentes maneras de pensar, de reaccionar ante las situaciones, su manera de aprender, etc.

En mi carrera como psicoterapeuta, he visto cómo padres han hecho daño a sus hijos al compararlos con sus hermanos, primos y aún con los amiguitos, muchas veces sin querer o tratando de ayudarlos. Esto puede crear resentimientos y sentimientos de rechazo que pueden trascender en su vida de adulto, sino se trata a tiempo. Son heridas muy profundas para algunos más que para otros, y hay personas a quienes les es difícil superarlo y por lo tanto tienen problemas en relacionarse con otros.

Cada persona procesa en su mente de una manera diferente y basamos nuestras experiencias presentes de acuerdo a nuestras experiencias pasadas. Hay niños más susceptibles que otros a la opinión de sus padres. He visto como hijos, que sus padres le dijeron "gordito" o "gordita" y muchas veces sin mala intención, le han afectado su autoestima. Tanto que le han provocado problemas con la comida o trastornos alimenticios.

Parece algo tan sencillo e insignificante, que quizás digas: "¿pero esa tontería le afectó?" Sí, puede ser que no seamos rápidos para juzgar ya que hay niños más sensibles que otros. Es muy importante validar las emociones de otros, incluyendo la de nuestros hijos y seres queridos.

El poder de la muerte y la vida está en nuestra lengua, una palabra de papá, mamá o cualquier persona, puede marcar profundamente el alma de un pequeño, aunque lo digas bromeando o jugando. Tampoco permitas que otras personas digan cosas negativas acerca de tus hijos y menos en frente de ellos. Es tu responsabilidad como padre o madre de cuidar lo que escuchan y ven tus hijos, especialmente lo que ven y escuchan de ti, ya que esas palabras principalmente son como semillitas que vas sembrando dentro de su ser. Aun los gestos pueden marcarlos, gestos de rechazo, como, por ejemplo, cuando sin decir una palabra, estás diciendo mucho.

Una identidad distorsionada

Si decimos que hay una verdadera identidad, ¿quiere decir que hay falsas identidades? Sí.

Recuerdo una vez hace varios años, que un paciente de unos 50 años vino a mi consulta con síntomas severos de depresión clínica, presentaba tristeza constante, lloraba todo el tiempo, insomnio, falta de apetito, pensamientos suicidas, etc. No encontraba consuelo a su vida que, para él, ya no tenía sentido, no valía la pena seguir viviendo.

Cuando comenzamos a explorar porqué sentía tanta desdicha y desesperanza, encontramos que su problema principal, era no solo la falta de identidad, sino que tenía una identidad distorsionada.

Este hombre había trabajado toda su vida en una posición de mucho reconocimiento. Tenía un excelente salario, además de respeto por parte de la institución y de todo el personal, pero recientemente había perdido su trabajo, lo habían despedido sin darle ninguna razón. Aunque esto le pasa seguido a muchas personas, ¿por qué no caen en una depresión de esta magnitud? ¿Qué fue entonces lo que disparó esta condición en esta persona? Fue precisamente que su identidad, toda su persona y vida, estaba basada en esa posición de trabajo. Así de simple, hay muchas personas en el mundo que no comprenden lo que es tener una identidad definida y creen que su identidad está dada por una posición, un nombre, el dinero que tienen, fama o el apellido familiar. Nada de esto es la identidad de una persona, porque cuando lo pierden esas cosas, entonces la persona se siente un don nadie.

He visto cómo la falta de identidad puede llevar al ser humano hasta lo más denigrante, a mendigar amor en gente que los desprecia y los maltrata o a hacer cosas que van en contra de sus valores morales como persona, con tal de tener un poquito de atención y ser aceptados. Y en casos extremos, hasta llegar a quitarse la vida, por no saber quiénes son o por creer que nada jamás cambiará.

Hay tanta necesidad en el ser humano de saber quiénes son y de dónde vienen. Hay dos cosas que son factores fundamentales en los individuos, la primera es que el ser humano evita el dolor, es un instinto natural, el protegernos del dolor; y lo segundo que toda persona necesita ser aceptado. Es por eso que muchos recurren a comportamientos, o a abusar sustancias, que los mantienen alejados de su triste realidad, a optar por cubrirse bajo una fábula mental de querer ser otras personas, ya que su propia vida es insoportable. En nuestras vidas hay varias situaciones que pueden llevarnos a adquirir una falsa identidad. Veamos algunos de estos factores.

ASPECTOS QUE PUEDEN FORMAR UNA FALSA IDENTIDAD:

• Las necesidades de ser aceptados y amados por otros hacen que las personas busquen posiciones y cosas materiales que los "hagan" ser reconocidos.

• Los eventos traumáticos afectan nuestra identidad, esta identidad distorsionada, nos lleva a actuar y a tomar decisiones equivocadas y totalmente fuera de la voluntad de Dios para nuestras vidas.

• Las demandas de los padres, algunas veces, provocan que el niño luche por aparentar ser alguien que no es, solo para agradar a sus padres o para cumplir con sus exigencias.

• Una baja autoestima puede llevar al individuo a compensar el sentirse menos y buscar reconocimiento.

• El entorno o el medio ambiente en que desenvuelvan, puede influir en general en una identidad distorsionada.

• Experiencias, abusos, una palabra dañina dicha por alguna persona importante como un maestro, por ejemplo.

• Lo que aprendimos, en la escuela, de los padres y aun la iglesia donde en ocasiones, no se tiene un fundamento claro de la verdadera identidad, puede afectarnos.

• La parte física, que muchas veces no "encaja" en la sociedad puede hacerte pensar que ese eres tú, por ejemplo, una persona que dice "soy gorda" o "soy enfermiza". Estas afirmaciones van calando muy dentro de tu alma, haciéndote creer que eres esto o aquello.

Estas cosas son solo un estado que puede ser cambiado, por lo tanto, no es tu identidad. Tú no eres flaca, gorda o enfermiza, eres un ser humano con un estado de obesidad, bajo en peso o con una condición de enfermedad, pero no es quien tú eres, no te define como persona. TUS CIRCUNSTANCIAS NO DEFINEN TU IDENTIDAD.

La verdadera identidad

El ser humano siempre ha necesitado *ser parte de*, es decir, tener sentido de pertenencia. La base fundamental de la humanidad es saber quiénes somos, de dónde venimos y saber a dónde vamos.

En mi carrera como psicoterapeuta he tenido el privilegio de conocer a muchas personas, gente de otras culturas, idiomas, países y costumbres. Me deleito al escuchar las historias de sus vidas y ver la mano de Dios en cada una de ellas. Pero también he visto en muchas de esas personas que, a pesar de haber recibido al Señor Jesús en sus corazones, no han tenido la revelación de su verdadera identidad. Y por lo tanto viven una vida en sube y baja, dependiendo de lo que el día a día les traiga, sin un norte y sin esperanza.

Es verdad que todos pasaremos por aflicciones, es parte de vivir en este mundo, pero una cosa es vivir sumergido en situaciones conflictivas y otra cosa es caer y levantarse, no quedarse estancado en ese estado de pesimismo, depresión, pánico o lo que esté pasando. Por supuesto, estoy hablando de personas que no tienen una condición o trastorno mental a consecuencia de un desbalance químico en su cerebro, eso sería otro tema muy extenso. Estoy hablando de personas que, por falta de identidad, no han podido llegar a caminar en obediencia o viven presos de sus propias inseguridades, emociones, pesimismo o negatividad.

Quiero compartirles una Palabra que cambió mi vida para siempre. Cuando pude comprender la profundidad de esta verdad, no fui la misma.

Te pido que tomes los próximos minutos para que leas detalladamente y te detengas, si es necesario, para recibir esta hermosa revelación. Si tienes algo que hacer, no lo hagas en este momento, necesitas un tiempo de tranquilidad para leerlo.

Le pido a nuestro Padre Celestial, con todo mi corazón, que, en estos momentos, abra tu entendimiento para que puedas recibir esta Palabra en tu corazón y en todo tu ser. Que, si no has tenido un encuentro con el Padre Celestial, este sea el momento. Y si ya has tenido ese encuentro, le pido a que te lleve a un nivel más alto de revelación, intimidad y comunión con él.

La Palabra de Dios dice en Juan 1:12-13 (RVR1960): "Mas a todos los que le recibieron, a los que creen en su nombre, les dio potestad de ser hechos hijos de Dios; los cuales no son engendrados de sangre, ni de voluntad de carne, ni de voluntad de varón, sino de Dios."

No sé cuáles son las circunstancias por las cuales viniste a este mundo, pero de algo sí estoy completamente segura y es que no estás en esta tierra por casualidad, ni por error, ni por decisión humana. Sino por un plan específicamente diseñado por Dios, exclusivamente para tu vida.

La decisión de tu nacimiento, lugar, hora, día y todo lo demás, viene de Dios Padre, quien un día tuvo un sueño hermoso contigo, te concibió en su mente y después en su vientre, para darte un lugar especial en esta tierra, en un tiempo definido por él.

Vamos a ver detalladamente estas Escrituras. Lo primero que dice es: "mas a todos los que le recibieron, a los que creen en su nombre les dio potestad de ser hechos hijos de Dios;" Si no lo has recibido como tu Salvador, ahora es el momento.

Dile con todo tu corazón y tu ser: "Señor, en estos momentos te pido perdón por mis pecados, te entrego mi vida completa, entra en mi corazón y toma control de todo mi ser, hazme una nueva criatura. Gracias Jesús porque moriste por mí, para darme vida eterna. Te confieso como mi Señor y Salvador, amén."

Ahora tienes el derecho de ser llamado hijo del Dios Altísimo. Cuando vemos la segunda parte dice: "les dio potestad de ser hechos hijos de Dios;" en otras versiones dice: "les dio derecho de ser llamados hijos de Dios"; "les dio el privilegio de ser llamados hijos de Dios."

Hay una condición y es recibirlo y creer en Jesús como Señor y Salvador. El versículo 13 es también muy importante para poder comprender que eres un plan perfecto de Dios. Dice: "los cuales [es decir, tú y yo] no fueron engendrados de sangre, ni de voluntad de carne, ni de voluntad de varón, sino de Dios."

La convicción y seguridad de que eres hijo de Dios te lleva a tener una identidad contundente, clara y puedes estar seguro de que el mismo Dios, el Creador del universo, fue quien decidió traerte al mundo. Tus padres fueron instrumentos de Dios, y sí, tienes composición genética de parte de tus progenitores terrenales, esto es en lo natural, pero en lo espiritual eres esencia del Dios Altísimo, con su naturaleza impregnada en tu espíritu. ¡Tu verdadero Padre es Dios! Por lo tanto, tu identidad viene de él y de nadie más.

¿Puedes imaginarte lo maravilloso que es esto? Dios mismo te engendró en su vientre, él tuvo un sueño contigo y decidió, la hora, el día, el lugar y el tiempo en que tendrías que venir al mundo. Al Todopoderoso le plació soplar aliento de vida en ti para que cumplieras un propósito específico en este mundo. No fue elección tuya, ni de tus padres, que para este tiempo estuvieras aquí, ¡sino que fue una elección divina!

La identidad te lleva a identificarte, ahora puedes estar seguro de que eres hijo y como tal tienes derechos y deberes. ¿Pero qué es esto de la identidad?

El diccionario de la lengua española define identidad como:

1. Conjunto de rasgos propios de un individuo o de una colectividad que los caracterizan frente a los demás.

2. Conciencia que una persona tiene de ser ella misma y distinta a las demás.

La identidad es esa convicción interna que tienes de ti mismo, no por lo que los demás digan de ti, ni por lo que has vivido, tenido o lo que te ha faltado en la vida, sino por lo que Dios reveló a tu ser, y por lo tanto, no tienes ni la más mínima duda.

La identidad es tu fundamento interno, así como los arquitectos y constructores diseñan y establecen una fundación a toda construcción antes de levantar cualquier estructura, casa o edificio. Este fundamento de tu identidad, será el terrero firme por el cual caminarás por el resto de tu vida, por eso es importante que lo tengas bien claro y que NUNCA lo dudes, a pesar de todas las dificultades que puedas pasar en este mundo.

Así como un buen chasis en un auto ayuda a que el carro sea resistente a golpes o accidentes, y protege a los que van dentro; así mismo, una identidad clara te ayudará a ser resistente en las vicisitudes de la vida, cuando haya rechazo, burlas, o personas que levanten calumnias y te ayudará a guardar tu corazón, porque sabes quién eres.

Tu identidad tiene características semejantes a tu Padre Celestial, ya que viene de él. Es muy importante asimilar, procesar y meditar en esto. Eres hecho a imagen y semejanza de Dios y él te dio todo lo que necesitas para vivir en este mundo. Un buen padre quiere lo mejor para sus hijos, ¡cuánto más nuestro Padre Celestial!

Cuando tienes una identidad clara, ves tu vida de una manera diferente, sabes que eres único y que no te puedes comparar a los demás, pues cada uno viene con un propósito específico que cumplir. Nadie puede ocupar tu lugar, así que no te da cabida para envidiar o codiciar lo que otros tienen.

Cuando sabes quién eres, vas a hablar diferente, a caminar diferente, sabes que representas a un reino maravilloso, poderoso y eterno y que la victoria está de tu lado, ya que Jesús pagó todo en el madero, lo hizo por amor a ti.

Recuerda, el hijo hace lo que el Padre dice... el hijo tiene que ser un reflejo del Padre, así que deja que él trabaje en ti. Vamos a esmerarnos cada día para ser cada vez más como él.

Tu propósito en la tierra: Talentos únicos

Cada uno de los seres humanos tenemos un propósito específico, hemos escuchado esto muchas veces, pero tal vez no hemos meditado profundamente en el asunto.

Venimos a esta tierra en un tiempo determinado, el día, la hora y el mes preciso que nos tocaba nacer. No estás en esta tierra solo para sobrevivir, tienes una tarea específica que cumplir y esta tarea va conjuntamente ligada con tus talentos.

Después de conocer lo que es la verdadera identidad, quién eres y de dónde vienes, es imprescindible saber tu propósito y que no estás en la tierra de casualidad. Es fundamental que asimiles que lo que tú puedes desempeñar en este mundo, nadie más lo puede hacer como tú. Tienes un conjunto de talentos, destrezas y manera de ver las cosas que son únicos, por lo tanto, nadie podría hacerlo exactamente como tú.

Unos ejemplos que siempre me gusta exponer, son el de la naturaleza y de cosas creadas por el hombre. Por ejemplo, un delfín no puede volar y una mariposa no puede vivir dentro del agua. Cada uno tiene una estructura, forma, tiempo de vida y propósito en la tierra.

Otro ejemplo es la cafetera y la plancha, aunque ambas se calientan y se les pone agua, cada una tiene un propósito específico, no puedes planchar la ropa con una cafetera, ni puedes colar café con una plancha. Cada una tiene cualidades o características específicas para hacer la función en el hogar. Asimismo, los seres humanos tenemos un conjunto de talentos y características específicas para desempeñar nuestro propósito en la tierra. Así que, padres, nunca es tarde para comenzar a ver y apoyar las destrezas, dones, talentos o inclinaciones de tus hijos.

A continuación, te presento una lista en diferentes áreas que puedes tomar en consideración y darte el tiempo para observar a tus hijos para ver en qué áreas están más inclinados y así sacarle provecho y ayudarlos a desarrollarse en esos talentos que Dios mismo puso en cada uno de ellos.

Artístico:
Musical (canto, instrumentos, componer canciones).
Danza.
Dibujo.
Creatividad con las manos (manualidades).
Escritura.
Pintura.
Fotografía.
Diseño gráfico.

Relaciones interpersonales:
Habilidad para hacer amistades y mantenerlas.
Habilidad de liderazgo.
Habilidad para hablar en público.
Habilidad para captar la atención de otros.

Matemáticas:
Habilidad con los números.
Habilidad para llevar la contabilidad.
Habilidad con las medidas.

Físico:
Habilidad en los deportes.
Habilidad en la gimnasia.
Inclinación por actividades físicas (caminata, correr).

Habilidad en la cocina:
Inclinación por conocer de los alimentos
Le gusta jugar a la cocina
Le gusta vestirse como chef
Le gustan los programas de cocina

Facilidad en aprender nuevos idiomas:
Capta nuevas palabras en varios idiomas.
Aprende rápido por lo menos dos idiomas a la vez.
Le interesan otras culturas.

Atracción por la ciencia:
Le gusta estar en la naturaleza.
Le atrae coleccionar caracolitos, piedras.
Pregunta mucho acerca de las plantas, los animales,
la medicina, etc.
Le atrae los programas que tienen que ver con la ciencia.
Las ciencias son sus materias favoritas.
Inclinación por la política, ciencias sociales, leyes, etc.

Aunque los niños varían de acuerdo con la influencia que tengan a su alrededor, siempre verás que tienen una inclinación interna hacia algo, por ejemplo, la música, las artes manuales, o cualquiera de la lista que mencionamos anteriormente.

Puedes mirar también cuáles son sus materias favoritas en la escuela o en su tiempo libre que prefiere hacer o cuáles son sus actividades favoritas.

Te recomiendo que una vez sepas o identifiques las inclinaciones de tus hijos, los apoyes de acuerdo con esos talentos y no a lo que tú deseas o hubieras querido hacer en tu vida. Muchos padres quieren cumplir sus propias metas, o sus sueños no cumplidos o frustrados en sus hijos o los fuerzan a escoger carreras que son totalmente opuestas a lo que ya Dios diseñó en sus vidas.

Entre más cerca estén sus carreras, profesiones o trabajo de cómo está diseñado su cerebro para esta función específica, más felices y plenos se sentirán cada día de sus vidas, porque están cumpliendo con lo que ya ha sido planeado por Dios.

Así como tenemos inclinaciones por los talentos que ya Dios nos dio, así mismo también tenemos un rango de características, tales como, características de personalidad, nuestro carácter, temperamento y cada experiencia que vamos teniendo que van formando nuestras creencias y la manera que vemos la vida.

Eres parte de una familia, pero eres un ser único

Esta individualidad es muy importante mantenerla aun cuando nos casamos. No podemos imponer nuestra manera de pensar o de actuar en nuestro esposo o esposa. Aunque es verdad que somos una sola carne, Dios nos hizo únicos y con características diferentes. Además, generalmente nos casamos con personas totalmente opuestas a nosotros, ¿lo han notado? Pero esto es bueno, ya que nuestra pareja es nuestro complemento y si tenemos un corazón enseñable, aprenderemos mucho, así que aprovechemos.

Cuando hay ciertos problemas emocionales, algún tipo de trastorno o simplemente fuimos criados por padres que nos consintieron con todo lo que queríamos, entonces puede haber problemas serios de control dentro de la relación matrimonial y tal vez tratemos de manejar a nuestro cónyuge a nuestra manera de ser o de pensar. Esto es muy peligroso para la estabilidad en el matrimonio y de la familia.

Ahora, la individualidad no significa que no necesitemos a otros o que seamos autosuficientes en todo. Somos seres sociales, como lo mencioné anteriormente y es necesario que nos relacionemos ya que nos necesitamos los unos a los otros.

En esta sociedad donde va incrementando la tecnología hay que tener mucho cuidado de no dejar que se aíslen de la familia y estén interactuando con un aparato electrónico en todo momento.

Vemos cada día más que los celulares, la computadora o los iPads están robando el tiempo de calidad, así que hay que pararse por un momento, meditar en esto y trabajar en reestructurar el tiempo para que podamos relacionarnos con nuestra familia.

Para reflexionar:

Después de leer este capítulo, ¿puedes ver que eres único y que no hay nadie en el mundo que sea idéntico a ti?

_____

_____

¿Crees que tienes una identidad clara y definida?

_____

_____

¿Sabes para qué o en qué eres bueno? ¿Puedes hacer una lista de tus dones?

_____

_____

¿Puedes ver qué le gusta a tu niño cuando juega?

_____

_____

¿Qué le llama la atención cuando vas a una tienda de juguetes, qué te pide que le compres?

_____

_____

Mis notas y pensamientos:

_____

_____

_____

_____

_____

_____

_____

_____

_____

_____

_____

_____

_____

_____

_____

_____

_____

_____

_____

_____

2

EL MATRIMONIO COMO PACTO DE AMOR

Y vivieron felices para siempre...

En mi experiencia personal y como profesional, considero que el matrimonio es la relación más compleja que existe en este mundo, ya que conlleva el convivir juntos todos los días y compartir todas las áreas de nuestra vida con una persona diferente, educada y criada de una forma diferente, con costumbres y creencias diferentes también. Esto hace que una relación matrimonial sea una de las más complejas, ya que con nuestro cónyuge compartiremos situaciones, experiencias y áreas que no compartimos con ninguna otra persona en la vida, ni siquiera nuestros padres.

El matrimonio es la relación que más se asemeja a una relación profunda con Dios, donde debe existir una intimidad única.

Un buen inicio

Si eres casado, me imagino que recuerdas ese primer pensamiento de unir tu vida a la persona de tus sueños, esa persona que amabas y parecía perfecta para compartir tu vida para siempre. La mayoría de las personas unen sus vidas con la idea de que su relación será perdurable, "hasta que la muerte los separe", y eso prometemos ante el altar o ante el juez que nos casa. Pero ¿qué sucede a medida que la relación matrimonial va avanzando? ¿Por qué hay tantos divorcios en estos tiempos? ¿Por qué la gente decide divorciarse tan a la ligera, sin tomar en consideración las consecuencias, sino simplemente en momento de conflictos y diferencias? Muchos se preguntan "¿qué pasó con el amor que le tenía? ¿Por qué a la persona que tanto amé, ahora siento que la aborrezco?"

Hay un dicho que dice que: "Lo que comienza mal, termina mal", y la comparto de cierta forma, así que creo que un buen inicio es fundamental en todo matrimonio.

Es muy importante, primeramente, casarse por los motivos correctos y el motivo primordial debe ser por amor. Aunque esto parece básico y lógico, la verdad es que algunas parejas se casan por otros motivos, como por ejemplo, salir de su casa a una edad más temprana, por conveniencia financiera, por interés de posición o por embarazo, entre algunas posibles razones.

Es sumamente importante tomar las consejerías prematrimoniales, en las cuales no solo se discuten las ideas preconcebidas acerca del matrimonio, sino se mide el grado de expectativas que tiene cada uno de la relación matrimonial, además de fijarse y planear metas reales a corto y largo plazo.

Uno de los problemas graves al principio de la relación de matrimonio es que las parejas se dan cuenta de que cada uno tenía una idea diferente de lo que es un matrimonio. La mayoría de las personas toma como ejemplo la vida matrimonial de sus padres, si hubo alguna, y traen todas esas ideas a su propio matrimonio, ya sean positivas o negativas.

Cuando en consejería tratamos parejas recién casadas, notamos que cada uno tenía una expectativa diferente acerca del matrimonio y de la persona con quien se casaron. Vemos cosas tan básicas que nunca hablaron, como por ejemplo, cuántos hijos piensan tener o cómo manejarán las finanzas.

Es importante conocerse, conocer la familia de tu futuro esposo o esposa, ya que esto te dice mucho de la persona con quien compartirás el resto de tu vida.

Según los expertos, las personas que comienzan su relación como amigos antes de ser novios, tienen más probabilidad de tener un matrimonio estable y duradero. En esta relación de amistad, se comparten actividades y conversaciones fundamentales en toda relación, además de ir conociendo los gustos, hobbies o preferencias, que ayudarán a mantener esa cordialidad y amistad dentro del matrimonio.

Con un amigo eres auténtico, no tratas de mostrar lo mejor, como generalmente se hace en las relaciones de noviazgo. Además, esta parte de compañerismo o amistad los ayudará en los años futuros, donde tal vez una crisis o problema de salud, les impida tener una vida de intimidad o una sexualidad activa.

El matrimonio fundamento de la familia

Una vez leí esta frase que decía: "si quieres ser el mejor padre para tus hijos, sé el mejor esposo para tu mujer" y estoy de acuerdo con esta idea. El matrimonio es la columna vertebral de una familia, el fundamento o la base donde una familia se forma y echa raíces, donde los hijos aprenden lo valores, modales y ejemplo de lo que es ser una madre o padre, un esposo, esposa.

Por eso es importantísimo que ambos cónyuges estén comprometidos a trabajar juntos por su matrimonio, sabiendo que habrá altas y bajas, conflictos y problemas que surgen al transcurrir de la vida y que no terminan, ya que el ser humano siempre tendrá que enfrentar conflictos y diferencias.

Las diferentes etapas de nuestras vidas, incluyendo las etapas en el matrimonio, traen retos, situaciones o crisis, estas últimas algunas veces provocadas por nosotros mismos y que nos hacen pensar en tirar la toalla y rendirnos.

En las crisis es donde verdaderamente vemos cuál es el fundamento sobre el que está construido nuestra relación, y lo que hay internamente en cada ser humano sale a relucir en esos momentos de presión, de estrés o de dificultad. Mantener un matrimonio saludable, es un trabajo arduo de dos personas y cuando uno solo es el que pone todo el esfuerzo e interés, se crea un desbalance que pone en peligro tu matrimonio.

Tampoco se trata de estar casados, vivir bajo un solo techo y proyectar una apariencia de felicidad, cuando en realidad se siente infeliz y con la carga de un matrimonio mal llevado. Se trata de vivir con nuestras diferencias y aprender a aceptarnos como somos y a cambiar lo que nos toca cambiar a nosotros mismos y no tratar de cambiar al otro.

Importancia de los roles

Todos tenemos funciones específicas en la sociedad, en el trabajo, en la iglesia y principalmente en nuestra familia. Comencemos hablando de los roles y deberes que cada uno tiene en el matrimonio y que es necesario esforzarse para hacer lo mejor.

El hombre y la mujer tienen roles diferentes y fundamentales, por lo tanto, hay que conocerlos y aplicarlos a nuestra vida. Muchos desconocen estos roles o los confunden, lo cual crea tensión y conflictos en la relación. El hombre por ser cabeza de hogar tiene sus responsabilidades, al igual que la mujer; sin embargo, hay parejas en las que es la mujer quien lleva todo el mando y deberes que le corresponde al cabeza de hogar.

Esto sucede cuando estos roles están invertidos o uno de los dos está enfocado en apuntar los deberes del otro, en vez de concentrarse en los suyos.

Es muy interesante conocer lo que dicen las Escrituras al respecto. Por ejemplo: **Colosenses 3:18-19 (RVR1960):** "Casadas, estad sujetas a vuestros maridos, como conviene en el Señor. Maridos, amad a vuestras mujeres, y no seáis ásperos con ellas."

El versículo 18 dice: "Casadas [esposas] estad sujetas a vuestros maridos". Pongamos mucha atención, no dice hombres sujétenla. El problema con los matrimonios entre creyentes, es que cada uno quiere leer la Escritura que le corresponde al otro.

En este caso, las mujeres deben sujetarse voluntariamente a sus esposos, pero los hombres leen la parte que le toca a la mujer y tratan de hacer las cosas por la fuerza. Esto no debería ser así, cada uno debe cumplir el rol que le corresponde o de lo contrario te vas a enfocar en lo que debe hacer el otro y te pasarás la vida criticando o apuntando al otro, en vez de enfocarte en tus propios deberes y obedecerlos.

La Escritura continúa diciendo, "como conviene en el Señor." Esto en su esencia significa que se supone que, como creyentes y conocedores de la Palabra, es nuestro deber obedecerla, es lo que Dios espera de nosotros sus hijos. Sabemos que no es fácil sujetarse a un hombre que no está sometido a Dios, que no busca la voluntad de Dios, pero mujer, te digo, Dios honrará tu obediencia a su Palabra. Nos toca orar por el esposo y con amor, hacer nuestra parte.

Ahora, hay que tener mucho cuidado cuando utilizamos esta palabra "someter" o "sujetar" ya que muchos las usan para abusar, manipular, subyugar, intimidar, dominar, usar la agresión o humillar a la mujer. Se han visto muchos casos, aún dentro de las congregaciones, en donde hay maltrato o abuso físico o abuso psicológico por parte de la cabeza de hogar.

Mujer, ten mucho cuidado con esto y si lo estás pasando, busca la ayuda necesaria. Dios no creó al hombre para manipular a la mujer a su antojo, como si fuera una marioneta. Así que, si hay hombres que están haciendo esto y creen que no se darán cuenta, están equivocados, estás a tiempo de arrepentirte y buscar ayuda también. Y recuerda, la justicia de Dios siempre llegará.

Hombres, les voy a dar un dato, si ustedes quieren que sus mujeres se sujeten voluntariamente como debe ser, entonces ustedes deben someterse a Dios. No hay mujer que resista el sujetarse a un hombre totalmente rendido a Dios con todo su corazón, un hombre obediente y que se deja guiar por Dios.

Y mujeres, así como nos sujetamos a Dios por amor, así debemos hacerlo a nuestro esposo. Ni siquiera el mismo Dios viola nuestra voluntad o nuestro libre albedrío, total, cada uno dará cuentas de lo que hizo y lo que dejó de hacer.

El versículo 19 dice: "Maridos amad a vuestras mujeres y no seáis ásperos con ellas."

Cuando echamos un vistazo a los sinónimos de la palabra áspero, encontramos lo siguiente: brusco, rudo, seco, duro, agrio, rígido, amargado, brabucón, insensible, vulgar, mal educado, violento, ofensivo, etc.

¿Hombre, recuerdas cuando conociste a tu esposa? ¿Recuerdas todo lo que hacías por llamar su atención? ¿Recuerdas lo caballeroso y dulce que eras con ella?

Es muy importante que trates a tu esposa con mucha dulzura y amor, recuerda que la mujer es conquistada por el oído y por como la tratas.

Las palabras groseras o ásperas pueden causar mucho daño en su autoestima, especialmente si vienen de ti, que eres la persona más importante de su vida.

Tal vez algunos de ustedes me dirán: "pero yo soy amoroso, es ella quien está amargada", lo he escuchado muchas veces y siempre les digo: "pues sigue tratándola con amor, no hay argumento ni pelea, si no hay dos involucrados. Recuerda que una respuesta blanda aplaca la ira (**Proverbios 15:1**). Se tú el pacificador de la relación." En algún momento el cambio llegará.

Les comparto parte de mi testimonio, cuando estaba recién convertida, esta Palabra de sujetarse era muy dura para mí y no comprendía la profundidad y la importancia de conocerla y vivirla. Siendo honesta, no estaba honrando a mi esposo y no estaba obedeciendo la Palabra de Dios. Ya que siempre quería hacer lo que me parecía y aunque sí consultaba con mi esposo, buscaba la manera de hacerlo a mi manera.

Una persona marcó mi vida y cambié lo que era necesario cambiar para llevar un matrimonio que honrara a Dios y a mi esposo. Recuerdo que fui con una amiga, para que una persona orara por ella, nunca había conocido antes a esa persona. Llegamos al lugar y esta persona se acerca a mí y me dice: "¿puedo orar por ti?" "¡Por supuesto!", le contesté. Cuando comenzó a orar, me dijo que no estaba honrando a mi esposo y que la sujeción era muy importante y fundamental en el matrimonio.

Definitivamente Dios le reveló a esa persona lo que era necesario en ese momento para mí y mi matrimonio. Recuerdo que fue tan profundo lo que sentí muy dentro de mí, que llegué a mi casa y esperé a mi esposo para inmediatamente pedirle perdón por no haberlo honrado como debí hacerlo desde el principio.

Ese día cambiaron muchas cosas, me sentí muy feliz de obedecer la Palabra de Dios con gozo, sabiendo que la obediencia trae muchas bendiciones a nuestro hogar, especialmente cuando honras al sacerdote y cabeza de hogar. Seamos mujeres sabias, mira lo que nos recuerda **Proverbios 14:1 (RVR1960):** "La mujer sabia edifica su casa; mas la necia con sus manos la derriba."

Al hombre le gusta ser respetado y admirado por su esposa, es importante que seas la persona que lo anima, que lo alienta, que lo ayuda a levantarse en momentos difíciles. Jamás hables mal de tu esposo y menos con tus supuestas amigas, nunca sabes a dónde puede llegar esa información. Además que se ve muy mal de parte tuya, hablar mal de la persona más importante en tu vida, cuando en realidad deberías ser la primera persona en bendecir a tu marido. Recuerda que tenemos el poder de la vida y la muerte en nuestra lengua.

Varón, recuerda que tienes un papel muy importante, eres sacerdote, por lo tanto, tu relación personal con Dios es fundamental en tu matrimonio

Efesios 5:21-23 (RVR1960): "Someteos unos a otros en el temor de Dios. Las casadas estén sujetas a sus propios maridos, como al Señor; porque el marido es cabeza de la mujer, así como Cristo es cabeza de la iglesia, la cual es su cuerpo, y él es su Salvador."

Según las encuestas, las mujeres tienen una vida espiritual más dedicada que los hombres, y por esto estamos viendo las consecuencias que repercuten hasta en los hijos. La mayoría de los libros los compran las mujeres y esto es algo que definitivamente, influye en toda la familia, pero siendo el hombre la cabeza, debería dar el ejemplo.

Efesios 5:33 (RVR1960): "Por lo demás, cada uno de vosotros ame también a su mujer como a sí mismo; y la mujer respete a su marido."

Amar a alguien como a nosotros mismos es algo que la mayoría no practica, ya que el ser humano por naturaleza es egocéntrico, busca su bienestar, lo que le hace sentir bien y lo que le agrada, por eso precisamente hay tantas contiendas en los matrimonios, porque cada uno está buscando lo suyo. Las personas se enamoran y quieren a esa persona cerca, porque los hace sentir bien a ellos mismos.

En **1 Corintios 13:5** dice que el amor no busca lo suyo. El que ama busca el bienestar de la persona amada, no presiona, no obliga, no manipula, ni está buscando constantemente cómo recibir, sino por el contrario, quiere estar con esa persona que ama para hacerla feliz.

Aunque la felicidad no viene por otros, la felicidad es algo interno de cada individuo. Por eso es importante tener una identidad clara, saber quién eres, tener tus emociones y conflictos internos resueltos y ser feliz contigo mismo para disfrutar tu vida con esa persona que tanto amas. Pero la triste realidad es que la mayoría de las personas entran en relaciones con muchos conflictos emocionales no resueltos que traen al matrimonio y esto los afecta terriblemente.

Es una realidad que todos tenemos conflictos internos en las cuales debemos trabajar, pues Dios no ha terminado con nosotros y seguirá trabajando hasta que él regrese. Pero es importante sanar nuestras heridas del pasado para no hacer daño a otros. Muchas veces no nos damos cuenta que herimos a otros con nuestras palabras, con nuestras acciones, con nuestra actitud, con lo que hacemos y también con lo que dejamos de hacer.

Una de las causas principales de la infelicidad o conflictos al principio de una relación matrimonial, es darse cuenta de que las expectativas que se tenían no es lo que en realidad sucede. Eso que esperabas de tu cónyuge, no es precisamente lo que estás viviendo en tu vida conyugal.

Así como explicamos anteriormente, un buen comienzo es fundamental en el matrimonio, pero lo triste es que las parejas no se toman el tiempo para conocerse, para explorar o conversar de lo que uno espera del otro en el matrimonio y se casan con altas expectativas, para después darse cuenta de que su pareja no comparte sus ideas.

Las personas se llenan de amargura, tristeza o frustración en la espera de esas cosas que el otro "debería" hacer, pero que ni siquiera el otro tiene en mente.

Es importante que, si estás pasando por conflictos por esta u otra razón, busques la ayuda necesaria para que puedan superar esas barreras que los separan.

No tiren la toalla, a veces crees que ya no amas a tu pareja, pero es, muchas veces, un muro que construyes para protegerte del dolor o frustración de cosas que no puedes cambiar o de ofensas que se hicieron. Recuerda que el amor es una decisión, es algo que debemos hacer a pesar de los problemas que estén pasando.

Sabemos que la relación matrimonial es una de las relaciones más complejas, ya que no hay otra persona en el mundo con quien compartas tantas cosas íntimas, es más, tu cónyuge es la relación más cercana a lo que es la intimidad con Dios. Tu esposo o esposa conoce desde tu despertar, hasta cómo duermes, si roncas, cómo te gusta dormir, tus olores, tus defectos que tal vez nadie conoce, pero también tus virtudes.

Es importante que trabajen juntos, que tomen tiempo para conversar de sus gustos o preocupaciones, que se expresen, sin acusar al otro, lo que quisiera que el otro mejorara y que humildemente puedan aceptar lo que el otro diga que uno necesita cambiar. Es importante tomar tiempo solos para conversar, para que puedan conocerse más y más, ya que el conocer profundamente a una persona toma tiempo y mucho esfuerzo e interés.

Cuando la pareja logra ver que no pertenecen a dos equipos contrarios, sino que son un solo equipo, donde cada uno es muy importante e indispensable para apoyar y edificar al otro, para enseñarse mutuamente lo que es el amor incondicional, entonces podrán dar lo mejor de cada uno para construir un matrimonio duradero y saludable.

Y esto como consecuencia, traerá unos hijos más saludables emocionalmente, ya que el rol de padres será mucho más fácil, cuando los esposos son cooperativos y trabajan juntos. Recuerda, dos es mejor que uno, la Palabra de Dios nos lo recuerda.

Eclesiastés 4:9-12 (RVR1960): "Mejores son dos que uno; porque tienen mejor paga de su trabajo. Porque si cayeren, el uno levantará a su compañero; pero... ¡ay del solo! que cuando cayere, no habrá segundo que lo levante. También si dos durmieren juntos, se calentarán mutuamente; más ¿cómo se calentará uno solo? Y si alguno prevaleciere contra uno, dos le resistirán; y cordón de tres dobleces no se rompe pronto."

Es extremadamente necesario que Dios sea el centro y fundamento de tu matrimonio.

Salmos 127:1 (RVR1960):
"Si el Señor no edificare la casa,
en vano trabajan los que la edifican".

Si estás tratando de construir tu hogar o tu matrimonio sin Dios, entonces estás trabajando en vano. Si Dios no está en el asunto, es muy difícil que perdure la familia en armonía y amor como debe ser. Y no estoy hablando de simplemente asistir a la iglesia, o decir que eres creyente. Es mucho más que eso, es entregar tu vida a Dios, conocer y obedecer su Palabra. Es tener una intimidad con el Padre y querer agradarlo en todo momento.

Cuando en nuestras vidas reina Dios en nuestros corazones, aprendemos a perdonar, a aceptar las personas como son y a amarlas incondicionalmente.

Una persona que no ama y respeta a Dios, es muy difícil que respete a su cónyuge. Por eso es importante, que esa persona a quien te unirás en matrimonio, comparta los mismos valores y creencias. Tenemos que darle el valor que Dios le da al matrimonio, ya que para él es muy importante.

Los seres humanos a veces que somos tan egoístas, que decimos "pues si ya no me sirve esta persona, ya no me hace feliz, no me satisface, o no era lo que yo pensaba, entonces nos divorciamos". Toman a la ligera el divorcio, sin pensar las consecuencias que esto trae a ellos y en especial a los niños.

El divorcio

De acuerdo a las estadísticas reveladas por Barna Group, (una organización encargada de las estadísticas relacionadas con la comunidad cristiana) acerca de los matrimonios en los Estados Unidos, alrededor del 33% de matrimonios de creyentes nacidos de nuevo, terminan en divorcio.

La mayoría nos casamos con la intención de que dure la vida entera, pero muchas veces esto no es lo que pasa, aún cuando tenemos a Dios en nuestro corazón. Hay varias razones por las cuales los matrimonios en general terminan en divorcio:

-Muchas veces desde el principio no tienen claro lo que significa el compromiso del matrimonio, no son personas comprometidas o le temen al compromiso.

-Por una conducta infiel (aunque esto muchas veces es una llamada de alerta, a menos que sea un patrón de conducta en la persona que es infiel).

-Por alguna adicción (al internet, a la pornografía, a las drogas, etc.)

-Por mantener discordias permanentes (por mala comunicación o desacuerdos constantes).

-Problemas financieros: derroche del dinero, por mal manejo del mismo o por negocios mal hechos.

-Intromisión excesiva o control por parte de terceras personas, por ejemplo los suegros, familiares o amigos. Esto es algo sumamente dañino para el matrimonio.

-Y en casos raros, pero ciertos, por mal aseo, olores insoportables, etc.

Según las estadísticas, se cree que el 70% de las personas que se han divorciado piensan que hubieran tratado de salvar su matrimonio, algunos dicen que habrían buscado ayuda a una etapa más temprana del conflicto, otros dicen que no se hubieran rendido tan fácil y otros, que hubieran recibido terapia matrimonial.

Consecuencias del divorcio

El proceso de divorcio es como el proceso de duelo. Es algo muy doloroso no solo para la pareja, sino para los hijos, la familia y hasta las amistades. El divorcio afecta muchas áreas en la vida de la pareja y tiene consecuencias a corto y largo plazo.

Afecta la autoestima: La persona, ya sea hombre o mujer, puede sentirse rechazada y/o fracasada. Se siente culpable por no haber podido establecer una mejor relación o haber evitado el divorcio. Al sentirse así, se califica como mala, tonta, incompetente, y esto puede afectar su autoestima.

En el área emocional, la persona puede sentir tristeza o depresión por la relación que se ha terminado y las diferentes pérdidas que involucra el divorcio: sueños, expectativas, identidad, amigos, etc.

También puede experimentar enojo con uno mismo y hacia la pareja, al culparla de la ruptura y del daño que ha causado a la familia, sentimientos de culpa, por el dolor causado a otras personas (hijos, padres). Asimismo se puede sentir inseguridad respecto a la posibilidad de reconstruir una nueva vida y hasta sentimientos de fracaso, por no haber podido evitar los problemas o "salvar" el matrimonio.

El área financiera o económica también se afecta y cambia, ya que cada uno de los miembros de la pareja va a tener los gastos propios de casa, comida, etc., además del mantenimiento de los hijos, la pensión, etc.

Las relaciones con la familia del esposo o la esposa son afectadas por el divorcio, muchas veces, aunque la conexión por lo hijos no termina, se afecta las relaciones con el resto de la familia extendida.

En el área social, los amigos en común se van distanciando, los eventos sociales que participaban en común también cambian.

Después del divorcio

Si ya te divorciaste, no te culpes ni te autocondenes, recuerda que estás enfrentando a una situación muy difícil y dolorosa, no solo para ti, sino para toda la familia.

Trata de ver qué áreas son las que más te afectan en este proceso y trabaja en ellas. Es importante que busques el apoyo de familiares o amigos que te escuchen y que comprendan por lo que estás pasando, sin que te critiquen o te condenen.

Trata de cuidar tu salud física y mental, ejercítate, trata de dormir por lo menos 7 horas, practica actividades al aire libre o incorpórate a grupos donde puedas aprovechar el tiempo en algo productivo y que te guste.

Recuerda que es una situación que cada persona procesa de manera diferente y el enfermarte o desgastarte en rencores, autocastigo o simplemente pensamientos negativos, no te ayuda y te impide actuar adecuadamente, además te frustra.

Es importante detenerte y pensar en lo que puedes hacer acerca del manejo de las emociones que estás experimentando.

Aunque son normales, si no las trabajas adecuadamente, se pueden mantener por tiempo indefinido y hacerte daño, recuerda que el divorcio es como un proceso de duelo y afecta muchas áreas de nuestras vidas.

Consejos para lo que están pensando en el divorcio

Lo más recomendable en esta etapa en la que están contemplando el divorcio, es que se den la oportunidad de ver a un consejero antes de tomar la decisión final, especialmente si tienen niños.

Como lo mencioné anteriormente, encuestas reportaron que el 70% de los divorciados se arrepienten de haber tomado la decisión de divorciarse. Ellos dijeron que hubieran tratado con más intensidad o por más tiempo para salvar sus matrimonios.

La mayoría de las infidelidades generalmente no comienzan por la parte sexual, sino por la parte emocional. Se puede trabajar, si los dos están dispuestos a darse otra oportunidad, para encontrar la raíz del problema. Es necesario perdonar y cambiar muchas cosas, pero es posible llegar a la restauración de su relación.

Por otro lado, si la persona tiene este patrón de conducta de ser infiel, y no se arrepiente, eso ya es otro asunto. Tienes que darte tu valor, nadie merece vivir en un ambiente de abuso psicológico, emocional o físico.

El matrimonio es algo de dos y si uno de los dos no quiere trabajar, no se puede hacer nada, pero si están dispuestos, he visto al Señor obrar maravillas y levantar matrimonios, aún de las cenizas.

Para concluir, quiero decirte que tenemos a un Dios que restaura, que sana y que está lleno de misericordia y de bondad.

El tiempo de los esposos

El tiempo de calidad en la familia es muy importante para la estabilidad emocional de cada miembro. Así también es sumamente importante el tiempo que se dediquen los esposos para reforzar los lazos en la relación, porque un matrimonio solido es fundamento para una familia emocionalmente saludable.

Es recomendable que los esposos dediquen tiempo a solas, por lo menos una vez al mes, sin los niños, algo así como una cena o una salida de fin de semana, en lo posible. Según los expertos, es necesario que los esposos pasen por lo menos 15 minutos al día solos, sin distracción para conversar de sus experiencias o inquietudes diarias.

Entre más unidos y más armoniosa sea la relación de los esposos, mucho mejor será a la hora de formar y disciplinar a sus hijos, ya que estarán más dispuestos a compartir, hablar o llegar a un acuerdo en cómo llevar la marcha en el hogar.

Entre el trabajo, los quehaceres en el hogar, la responsabilidad como padres, etc., el tiempo de los esposos queda a un lado y no se le da la prioridad necesaria. También el dedicar más tiempo a la tecnología, la computadora, el teléfono, etc., le quita tiempo precioso de calidad a los esposos.

Es extremadamente necesario que los esposos tomen diariamente un tiempo para conversar. Este tiempo tiene que ser libre de interrupciones, en donde la intimidad se nutra, la comunicación se mejore y el tiempo de intimidad incremente.

Además del tiempo diario, es necesario que los esposos disfruten (solos sin niños) de sus actividades favoritas, como visitar restaurantes, ir al cine o un fin de semana solos en un hotel. ¡Sí, los dos solitos! Muchas veces, especialmente la madre, se siente culpable si los niños no salen con ellos. Tomar un tiempo para ustedes como pareja no es egoísmo, al contrario, en entre mejor estén ustedes, mejor estarán los niños.

Les comparto algo muy íntimo de mi vida matrimonial de 30 años

Cuando me preguntan cómo hemos podido llevar un matrimonio saludable y armonioso por tanto tiempo, les contesto que mi amado esposo y yo **practicamos las 5 C's** fundamentales que compartimos y disfrutamos juntos. No necesariamente ustedes tienen que hacer lo mismo, cada pareja es diferente y necesitan buscar las cosas que les gustaría compartir juntos. Aquí les explico una por una.

Cama: Es importante mantener la intimidad, que es uno de los ingredientes más importantes en toda relación y la cama es donde se comparten esos momentos más íntimos como la sexualidad, el dormir y momentos de enfermedad. Traten de no traer la tecnología al cuarto, eso distrae y no les ayuda en la parte de intimidad que deben compartir los esposos.

Comida: Mi esposo y yo somos fanáticos de disfrutar las delicias de otros países y, por supuesto, del nuestro. Compartimos preparando platos exquisitos y diferentes, además nos encanta explorar en restaurantes que son nuevos para nosotros.

Les confieso que al principio del matrimonio yo era muy resistente a probar comidas que no conocía, pero me adapté al espíritu aventurero de mi esposo y lo disfruto muchísimo.

Aunque no en todo momento se puede salir a comer a restaurantes, por tal vez la economía o el tiempo, sí es importante que practiquen diariamente el sentarse a comer con tranquilidad, compartir y dar gracias cada día por la comida, la familia y todas las bendiciones que Dios nos regala diariamente y que tomamos a la ligera.

Comedia: Bueno, podemos decir que se trata del buen humor. Si hay alguien en este mundo que me hace reír mucho y que disfruta el buen humor, es mi esposo. Es importante no tomar todo muy seriamente; es cierto que no podemos estar riéndonos en todo momento, pero cada vez que podemos bromear, aun de nosotros mismos, lo hacemos. Con la risa nos relajamos, nos divertimos, además de oxigenar nuestros pulmones y cerebro.

Comunicación/Conversación: Una de las cosas que más disfrutamos ambos es conversar cada noche, durante y después de la cena. Me encanta hacerle preguntas a mi esposo y escuchar lo que tiene que decir al respecto, aunque en muchas ocasiones, nuestras opiniones son diferentes, disfruto ver su punto de vista y compartir el mío.

Es importante que tengan temas de conversación y que, aunque no estén de acuerdo, puedan compartir sus opiniones. Es fundamental que se tome ese momento de comunicar lo que hicieron en el día, o contarle cómo te sientes por algo que sucedió en el día y que tu cónyuge pueda darte el apoyo que necesitas.

Si es cierto que muchas de las quejas de las mujeres es que su esposo no se comunica. Es importante mujeres, saber cómo hacerlo y juntos hacer de esto un hábito desde el principio de la relación. En el capítulo de la comunicación explicamos un poco más acerca de esta área, que es fundamental en toda relación.

Compañerismo: Mi esposo es mi confidente, mi cómplice, mi mejor amigo, la persona en la que más confío en esta vida. No es que seamos perfectos, ya que eso no existe. Él puede fallar al igual que yo, de hecho, nos equivocamos y nos seguiremos equivocando, pero estamos prestos a perdonarnos y a trabajar juntos.

Somos solo dos personas imperfectas que decidieron amarse, respetarse y hacer la vida del otro menos complicada, a dar lo mejor de cada uno para amar incondicionalmente al otro.

Consejitos para los esposos

Busquen una persona de confianza para que cuide a sus hijos y así puedan disfrutar la velada con su amado o amada sin ser interrumpidos recibiendo llamadas constantes.

No tiene que ser un lugar caro para disfrutar de una buena cena. Tomen ventaja de cupones u ofertas que ofrecen los distintos restaurantes.

Pueden planear el lugar y ponerse de acuerdo con anticipación el tipo de cena que prefieren comer. Esto es para evitar cualquier desacuerdo en el momento de la salida.

Es necesario que complazcas a tu pareja de corazón y que él o ella sepa que te deleitas con complacerlo. Muchas veces nos enfocamos en lo que nos gusta a nosotros, pero recordemos que el amor se trata de dar, de sacrificar muchas veces lo que nos gusta para darle el gusto a nuestro esposo o esposa.

Seguro que él o ella lo apreciaran y querrá hacer lo mismo para complacerte.

La sexualidad

La sexualidad es un área fundamental dentro del matrimonio y para que puedan disfrutar de su vida sexual, es importante tener en cuenta varias cosas que deben conocer y tomar en consideración.

Primeramente, conocer que hay diferencias entre el hombre y la mujer y mientras más se conozca las diferencias entre los dos sexos, mucho mejor se comprenderán. Además, es importante conocer su necesidad individual en la sexualidad.

Hay muchos tabúes, acerca de la sexualidad, especialmente si los padres nunca tocaron este tema (que es el caso de la mayoría), ya sea por vergüenza o porque simplemente no sabían qué decir.

Quisiera enfatizar que Dios creó el sexo, que es algo hermoso que fue establecido para que la pareja disfrutara y no solo para procrear los hijos.

Algunos datos en la sexualidad del hombre y la mujer:

• El hombre y la mujer no solo son distintos en el área sexual, sino que también que se complementan mutuamente, que son dos partes que forman un todo.

• Las mujeres somos más sensibles, generalmente podemos llegar a disfrutar la sexualidad a través de caricias, palabras, de un ambiente muy especial que hay que propiciar para que se vaya despertando la sexualidad en todo su cuerpo.

• Hay 8,000 terminaciones nerviosas en el clítoris dedicadas exclusivamente al placer femenino. El pene solo tiene 4,000.

• Algunas estadísticas dicen que el 60% o más de mujeres no tienen orgasmo durante las relaciones sexuales.

• Si el hombre es rápido en la sexualidad y solo piensa en su propio placer, corre el peligro de utilizar a la mujer como un objeto para su desahogo. Recuerden hombres que las mujeres necesitan un tiempo para llegar a la excitación, necesitan estar conectadas emocionalmente. Y si hay problemas no resueltos, ella necesita resolverlos antes de las relaciones sexuales para que pueda sentirse libre y dispuesta a la sexualidad.

• Mientras que la mujer piensa "todo lo que él quiere es sexo", el hombre puede pensar "¿y por qué ella no quiere sexo?" Mujeres, debemos comprender que Dios nos hizo diferentes y en su sabiduría, creó al hombre con un sistema sexual que produce testosterona en todo tiempo, esto hace que el hombre tenga deseo sexual más frecuente que la mujer.

La testosterona es la encargada de producir semen y regula el líbido masculino.

¡El acto sexual es bueno para ti, mujer!
Los beneficios incluyen lo siguiente:

- Disminuye el riesgo de problemas cardíacos y derrames.
- Reduce el riesgo de cáncer del seno.
- Refuerza tu sistema inmunológico.
- Ayuda a dormir.
- Ayuda a lucir más joven.
- Mejora tu condición física.
- Regula el ciclo menstrual.
- Alivia dolores menstruales.
- Reduce el riesgo de sufrir de depresión.
- Disminuye el nivel de estrés.
- Te ayuda a quemar calorías.

¿Sabías que el cerebro es el órgano más importante en la sexualidad?

¿Te parece extraño? Pues nuestro cerebro es el centro de nuestros pensamientos y emociones; además de que es muy complejo, también es responsable de cosas como la secreción hormonal y por supuesto, nuestra reacción y deseo sexual.

Es importante a la hora de tener relaciones sexuales, especialmente para la mujer, cómo se siente con ella misma, cómo se siente con su pareja y cómo ella ve el sexo en general.

Cualquier parte de nuestro cuerpo puede ser un punto de excitación, por supuesto, con una estimulación adecuada, en el momento preciso. Pero para que esto ocurra, nuestro cerebro debe interpretar esa caricia o toque como algo placentero o agradable.

El Síndrome del Nido Vacío

Cuando nos referimos al Síndrome del Nido Vacío o el "Empty Nest Syndrome", como se le conoce en inglés, estamos hablando de esa sensación de vacío, de abandono y tristeza que los padres experimentan cuando uno o varios de sus hijos han dejado el hogar, ya sea porque el hijo se casó o decidió vivir independiente, o porque se va a estudiar a otro lugar lejos de casa.

Durante el periodo del síndrome del nido vacío, no solo se experimenta el vacío por la ausencia de los hijos, sino que también los padres pueden sentirse desplazados porque ya no tienen la oportunidad de estar pendientes todo el tiempo de sus hijos y tampoco son tomados en cuenta en las decisiones de sus hijos adultos.

Los padres pasamos la mayoría del tiempo en actividades relacionadas con nuestros hijos, cumpleaños, actividades en la escuela, las transiciones en las diferentes etapas que nuestros hijos pasan rápidamente y de repente, vemos que ya no somos tan necesarios en sus vidas.

Es totalmente normal que los padres, especialmente las madres, tengan ciertos sentimientos de tristeza y les dé por llorar de vez en cuando, pero si ya estos padres están cayendo en un estado de depresión, entonces hay que poner atención y no dejarlo pasar.

Generalmente, el síndrome del nido vacío se ve más frecuente en las mujeres, pero también pasa en los hombres, especialmente los que están bien involucrados en las vidas de sus hijos. Se cree que el periodo de crisis de este síndrome puede durar hasta 5 años, dependiendo de cada padre. Y después de esto, se estabiliza la vida de los padres.

En esta etapa del síndrome del nido vacío, muchas cosas cambian en la estructura y rutina de la familia. Es todavía mucho más difícil para las madres solteras que criaron a sus hijos solas, que para los padres que están juntos y tienen una buena relación.

La mujer, por el papel de cuidadora puede experimentar que su sentido de valor disminuye. Muchas de estas madres han considerado la maternidad y la crianza como su única razón de ser y después que no la tienen sienten que están perdiendo su razón de existir. Muchas veces los padres dedican tanto tiempo a sus hijos, que la relación de pareja queda a un lado. Y de repente se encuentran solos y se preguntan: "¿y ahora qué hacemos?" Algunas veces los hijos son el único punto de unión en la pareja y si no trabajan para restaurar el matrimonio, sienten que su vida juntos es insoportable.

Si los padres no se han preparado para afrontar esta etapa, definitivamente será mucho más difícil, especialmente si la madre anuló todos sus sueños personales por criar a sus hijos. Esto lo he visto repetidamente, las madres frustradas porque no vivieron sus vidas propias, sino que vivieron a través de sus hijos y de repente se ve que tiene cierta edad y no hizo nada por ella misma.

En esta etapa del nido vacío los padres experimentan demasiada quietud en la casa, ya no están en el *corre que corre*, especialmente cuando los hijos están terminando la educación secundaria.

En conclusión, el impacto del nido vacío dependerá de cada padre o madre, de su manera de pensar, de la disposición al cambio o si están divorciados o casados. Si los padres se sienten tranquilos que hicieron un buen trabajo con sus hijos, lo más importante es aceptar que llegó esta etapa y deberán dejar que sus hijos se independicen. Por otro lado, si te sientes en depresión, busca la ayuda necesaria para procesar los cambios en esta etapa del nido vacío.

Algunos consejos:

Lo primero sería que, si todavía tienen los niños pequeños, se dispongan los padres a trabajar en su propia relación, para cuando llegue el momento, estén listos, se encuentren fortalecidos y se puedan apoyar mutuamente.

Si tienen a sus hijos pequeños y dicen: "todavía falta tiempo", créanme que el tiempo vuela y pasa tan rápido que cuando vienen a ver ya los hijos crecieron y están despidiéndose en la puerta.

Si ya están atravesando el periodo del nido vacío o ya están cerca, lo más recomendable es que los padres busquen actividades en que ocupar el tiempo. Una vida sin nada que hacer, se convierte en una vida sin sentido.

Ahora es el tiempo de hacer esas cosas que siempre anhelaste hacer, pero que no podías, por falta de tiempo. Por ejemplo, dedicarse a la jardinería, a estudiar algo, a hacer algunos viajecitos, si tienen el dinero, o pueden dedicar más tiempo en servicio a la comunidad. Hay muchas organizaciones que necesitan voluntarios.

Algunas veces no es fácil cuando se pasaron momentos difíciles con su hijo, por ejemplo, abuso de sustancia o cuando el padre o madre siente que su hijo no está preparado para la vida independiente. Es muy importante, mamá o papá, que dejes que tus hijos se independicen y aprendan a volar por sí solos.

No podemos aferrarnos al pasado, y no estoy diciendo que borres los lindos recuerdos, pero la familia pasa por etapas que son inevitables y es muy importante que aprendamos a dejar fluir cada etapa, incluyendo esta etapa del nido vacío.

Isaías 61:9 (RVR1960):
"Sus descendientes serán reconocidos en las naciones y sus hijos entre los pueblos. ¡Todos los que los vean reconocerán que son un pueblo bendecido por el SEÑOR!"
¡Bendice a tus hijos en todo tiempo!

Envejeciendo juntos

Unas de las grandes bendiciones en la etapa de la vejez y en ocasiones, mucho antes de llegar a la tercera edad, es cuando nos convertimos en abuelos. Es de gran satisfacción cuando la pareja puede llegar a disfrutar juntos esta hermosa etapa donde Dios nos da la oportunidad de ver nuestros retoñitos.

A continuación, les comparto un escrito de mi esposo Luis y la manera que describe lo que es ser abuelos.

Abuelos

La imagen y concepto típico de los abuelos es el de esos seres amorosos, consentidores y algo sabios...

¿Será que parte de eso que llaman "sabiduría" en los abuelos en realidad es el saber aprovechar esa bella y privilegiada oportunidad que nos da la vida de aplicar lo conocido y lo vivido con nuestros hijos?

Con los hijos, fue como el primer examen donde no siempre había respuestas para todas las preguntas. Pruebas donde quizás acertamos, pero también fallamos algunas de ellas. Eso sí, sin rendirnos nunca y motivados por el amor y el deseo de darles lo mejor a nuestros hijos. Aunque a veces equívocamente se pudo pensar en términos de dar "materialmente lo que no tuvimos nosotros mismos."

Con los nietos, comprendo que el motor sigue siendo ese mismo amor, pero con nueva estrategia... desde otra perspectiva.

Más que ser padres por segunda vez, yo diría que es como tomar un examen de rehabilitación. No del "curso escolar" sino de alguna "materia" que por ahí pudo haber quedado pendiente... Un examen el cual ya hemos tomado antes. Pero esta vez, de repente con más respuestas que preguntas y sobre todo mucho más experiencia.

Se siguen transmitiendo enseñanzas y valores y el enfoque es mayor en dejar "legado" que en darles "lo que no tuvimos."

Cada padre tendrá sus propias vivencias pero lo que tenemos en común es que velamos por nuestros hijos y nos dedicamos a inculcarles valores, proveerles de una mejor oportunidad, y darle las herramientas necesarias para su desarrollo.

Como abuelos, a lo mejor nos aumenta la confianza por ya no ser tan "rookies (novatos)"

Lucila, ¡gracias por tu legado! [Se refiere a su abuela].

La vejez es algo que muchos no quieren ni mencionar, pero la dicha de llegar a los años dorados de la vida, con salud y con una pareja es de gran bendición.

Cuando ya el cuerpo no tiene la misma vitalidad de la juventud, lo que nos queda es compartir nuestras vidas con alguien que podamos conversar o simplemente pasar tiempo juntos. Esta compañía de alguien que comprenda nuestros sentimientos con solo mirarnos, no tiene precio. Por eso recomiendo que haya un buen comienzo, que aún antes de casarse, sean amigos y que disfruten una relación de amistad y que ésta sea fortalecida a través de los años.

Es importante que, antes de la vejez, ya ambos hayan hablado con sus hijos de sus días finales en esta tierra.

El partir de este mundo debería ser algo que podamos hablar, pero la mayoría de las personas no lo quieren hacer y no se preparan.

Es mejor hablar de todo esto, así se evitan discusiones o desacuerdo entre los hijos después de su partida. También es fundamental dejar todo por escrito, explicando cómo quieres ser despedido, por ejemplo. Los testamentos son muy importantes y les hará menos complicado a los hijos, esos momentos, que de por sí son tan difíciles.

Finalizando

Recordemos que no hay matrimonio perfecto, todos tendremos altas y bajas, conflictos, situaciones donde queremos tirar la toalla, esto es totalmente normal en cualquier relación, especialmente en la matrimonial. Habrán momentos donde sientes que ya no amas a tu cónyuge, tal vez por la frustración de que no se entiendan, quizás porque que fue infiel en el pasado y no has podido sanar esas heridas o porque los conflictos son tan agobiantes, que sientes que lo aborreces.

En los problemas matrimoniales se ve mucho esto de sentir que ya no se aman, pero no necesariamente es la realidad, ya que muchas veces cuando nos sentimos heridos, levantamos barreras que nos protegen para que no sintamos más dolor o para evitar el dolor, que nos hacen sentir de esa manera.

Además, el amor no es basado en lo que sintamos, el amor es una decisión que se toma, el amor es dar sin esperar nada a cambio. El amor, dice en **1 Corintios 13:5** que no busca lo suyo. Lo hemos leído anteriormente, pero solo esta parte dice mucho.

Cuando decidimos amar, no buscamos lo nuestro, no buscamos nuestra propia conveniencia, lo que me hace feliz a mí. El ser humano es muchas veces egoísta y se casa pensando que el otro me hará feliz. Por ejemplo, algunas mujeres viven en la fantasía y en los cuentos de hadas, donde sueña que el príncipe azul vendrá y les dará todo lo que las hace feliz.

La vida real no es así, la verdad es que hombres y mujeres somos diferentes y tenemos diferentes maneras de ver las cosas y por eso hay muchas decepciones. Tenemos que aprender a amar a la otra persona y a pensar que me caso con él o ella porque la amo tanto que la quiero hacer feliz.

No hay otra relación en la tierra que se pueda comparar con el matrimonio donde se comparte hasta lo más íntimo en todas las áreas de nuestras vidas.

Para reflexionar:

¿Estás pensando en casarte?

_____

_____

¿Cuáles son las razones fundamentales por la cuáles vas a tomar la decisión más importante de tu vida?

_____

_____

¿Han hablado alguna vez de sus metas a corto y largo plazo en el matrimonio?

_____

_____

¿Qué puedes hacer tú para mejorar tu matrimonio?

_____

_____

¿Amas a tu cónyuge incondicionalmente?

_____

_____

Mis notas y pensamientos:

_____

_____

_____

_____

_____

_____

_____

_____

_____

_____

_____

_____

3

LA COMUNICACIÓN

Hablando claro

La comunicación

La comunicación es parte fundamental de cualquier relación y mucho más importante en el matrimonio y en la familia. Sin una comunicación efectiva es muy difícil tener una buena relación, ya que uno de los ingredientes en relacionarse es precisamente una comunicación efectiva.

Cuando expresamos claramente nuestros sentimientos, pensamientos o ideas, entonces podemos transmitir a otros quiénes verdaderamente somos y así nos pueden conocer más profundamente.

Nuestro Padre Celestial es un comunicador por excelencia, por eso nos dejó su Palabra plasmada a nuestro limitado entendimiento de sus maravillas, para poder comprenderlo, conocer su verdad y seguir sus principios para vivir una vida plena en la tierra.

El propósito de este capítulo no es dar una cátedra de comunicación, sino concentrarnos en tener una comunicación sencilla, clara y concisa con nuestros seres queridos, en nuestra vida social, en nuestro ministerio y en nuestro lugar de trabajo.

Diferencia entre oír y escuchar

Definitivamente hay una gran diferencia entre escuchar y oír. Cuando solamente oímos, no ponemos atención a lo que se nos está diciendo, no estamos enfocados en el mensaje y no somos capaces de repetir lo que nos comunicaron.

Cuando escuchamos, entonces podemos repetir el mensaje que se nos está comunicando o por lo menos lo fundamental del mensaje.

Es muy importante que pongamos toda nuestra atención cuando se nos está hablando, hay veces que nuestra mente divaga o hace lo que le llamamos un "safari mental" que es básicamente cuando alguien nos habla y una palabra nos recuerda algo, y nuestra mente, automáticamente, se pierde en esos pensamientos que nos hacen volar o nos transportan a esos momentos.

Es normal que nos pase algunas veces, siempre y cuando tratemos de volver al presente y escuchar atentamente lo que nos están diciendo. Hay personas a quienes les sucede esto con más frecuencia que a otras, especialmente a las personas que tienen problemas de concentración, que se distraen con facilidad o personas con mucha imaginación.

Componentes de la comunicación

Vamos a ver las partes fundamentales en la comunicación, para así comprender un poquito más y saber cómo podemos aplicar estas herramientas para convertirnos en excelentes comunicadores.

La comunicación se compone de varios factores que son esenciales para que haya una comunicación, estas son: comunicador, vía, mensaje y receptor.

Comunicador: Es la persona que da un mensaje a una o más personas.
Vía: El canal por el cual se comunica, que puede ser por teléfono, la radio, televisión, etc.
Mensaje: Es la información hablada o no hablada que se transmite.
Receptor: Es la persona que recibe el mensaje.

Cada parte o componente en toda comunicación es sumamente importante para que haya un buen resultado de dar y recibir un mensaje y que haya comprensión entre el comunicador y los que reciben la instrucción o el mensaje.

Aunque hay momentos en que un excelente comunicador expresa claramente el mensaje, en ocasiones va a depender del receptor y las creencias internas que tenga el que recibe el mensaje, si este mensaje es recibido de la manera adecuada. Hay personas que todo lo ven de una manera negativa o es pesimista y puede interpretar un gesto equivocadamente.

La Técnica Sándwich

Cuando queremos comunicar algo y queremos ser escuchados, es recomendable que comience con una frase positiva para así tener la atención del receptor o el que recibe el mensaje. A través de esto abrimos un canal de comunicación que nos permite tener una comunicación productiva.

Después puedes decir tu queja, consejo, sugerencia, etc., por supuesto, de una manera asertiva, es decir, sin gritos, insultos, groserías o atacando a la otra persona. Luego puedes cerrar tu mensaje comunicado con algo positivo, pero con una acción. A esto llamamos la técnica **"sándwich"** o si te gusta más, llámale hamburguesa, no importa, lo que vale es que tu mensaje sea recibido y asimilado por la persona que lo escucha.

La técnica sándwich es fácil de recordar, cada vez que tengas una situación donde necesites tener un resultado positivo y sin conflictos. Imagínate, cuando preparas un sándwich, tienes pan como base, luego la carne, queso, lechuga, tomate o lo que le quieras incluir, esto representa el mensaje central y luego terminas con la otra pieza de pan para cerrar.

Pan base: Validación

El pan de base es lo que llamamos validación, comienzas con una frase que sea positiva, que capte la atención o que tu sepas que le gusta escuchar a la persona que comunicas el mensaje. Es muy importante que la persona sepa que tú lo conoces, que reconoces su esfuerzo, lo que ha hecho o que le importas.

Ingredientes del sándwich: Mensaje

Esta parte incluye el mensaje principal por la cual te estás comunicando con la persona. Aquí necesitas ser muy sabio y no arruinar lo que lograste al comienzo de la conversación. Algo muy importante, no uses el "pero" ya que esto pondría una barrera al mensaje.

Pan tope: Complemento o Acción

Aquí puedes usar dos principios o maneras, el primero te ayudará a cerrar positivamente o que cierres con algo que deje a la persona con una sensación de logro, además que complemente lo que dijiste al principio, la otra manera te ayudará a que se tome una acción inmediata. Esta última puede ser usada con nuestros hijos, cuando queremos que cumplan con sus quehaceres.

Voy a darte el ejemplo típico que uso en mis sesiones de consejería. Una madre que quiere que su hija coloque los platos secos en el estante después de lavarlos.

La manera no asertiva sería:

-Madre: Hija, nunca haces las cosas bien... te he dicho mil veces que no me pongas los platos mojados en el mueble porque lo puedes dañar.

Y bueno por ahí sigue la mamá con los regaños que, en realidad, si lo ha dicho una y otra vez sin resultados es porque simplemente esa manera no trabaja. Y ¿por qué sucede esto? Bueno, sencillamente porque tú mismo estás cerrando el canal de comunicación al ponerte agresivo verbalmente o sermonear.

A nadie le gusta que lo regañen o le llamen la atención, aunque es necesario corregir. Pero lo podemos hacer de una manera eficaz, a esto le llamamos comunicación asertiva. Lo que queremos son los resultados, primeramente, de ser escuchados y de que se cambie el comportamiento que estamos corrigiendo.

Esto también aplica en cualquier situación que quieras confrontar con alguien, en tu casa, tus hijos, tu esposo/a o en el trabajo. Ahora vamos a ver un ejemplo de la manera asertiva y con resultados, usando la técnica **"sándwich"**:

Primero para corregir un hábito o comportamiento. En este ejemplo, la hija lava los platos, pero los pone mojados en el mueble.

Validación:
-Mamá: Mi hija linda, muchas gracias por lavar los platos, esto es una gran ayuda. Sé que lo haces con gran esmero.
Mensaje:
Aquí viene la queja o la corrección.
-Mamá: Y hay algo que me gustaría que hicieras y es que antes de guardar los platos, los seques para que no le caiga agua al mueble.

Complemento o Acción:
Ahora cierra con algo positivo, con un complemento.
-Mamá: Quiero que sepas que me siento muy feliz cuando me ayudas en los quehaceres de la casa.

¿Ves la diferencia? Esta técnica ayudará a que tu comunicación sea recibida, ya que el ser humano necesita ser afirmado. No solo lo puedes usar con tus hijos, sino también en tu matrimonio o en tu relación con los compañeros de trabajo o en la iglesia.

En esta tercera etapa, tenemos dos alternativas, el de complemento que es solamente cerrar con algo positivo, pero también podemos usar la acción.

En un ejemplo del hijo que tiene la ropa tirada en su cuarto y necesita lavarla, usas las mismas estrategias de los dos primeros pasos y para cerrar puedes buscar la canasta de la ropa y ayudarlo a recoger la ropa. Con esto tomas, una acción, que él continuará.

La comunicación verbal y no verbal

"Los cielos cuentan la gloria de Dios, y el firmamento
anuncia la obra de sus manos."
Salmos 19:1 (RVR1960)

Como mencioné anteriormente, la comunicación es parte fundamental en la vida de todo ser humano. Es algo que hacemos todos los días, aunque no digamos ni una palabra. La comunicación empieza a desarrollarse desde que el niño nace, aunque no diga ninguna palabra.

El bebé recién nacido se comunica a través de su llanto. Te dice cuando tiene hambre, frío, sueño, cuando le duele algo o simplemente cuando está incómodo. Es importante que los padres tengamos una buena comunicación con nuestros hijos desde temprana edad.

La comunicación es primordial en el área social de nuestros hijos, por eso es necesario que ellos aprendan a comunicarse efectivamente. Es importante que los padres se preparen y se eduquen en esta área, para ayudar a sus hijos en el proceso de desarrollo de la comunicación.

Según el Dr. Albert Meharabian, solo el 7% de los mensajes son verbales y el 93% se expresan en base a la comunicación no verbal.

La comunicación verbal es solo el mensaje hablado, mientras que la comunicación no verbal es toda forma de comunicación que no envuelve lenguaje hablado.

Las maneras más comunes de la comunicación no verbal incluyen lo siguiente:
-Gestos
-Lenguaje corporal.
-Tono de voz.
-Contacto de los ojos.
-Expresión facial.
-Postura.
-Proximidad (espacio invisible entre las personas que se comunican).

Estos elementos, según expertos en comunicación, transmiten un mensaje con mucho más peso que solo nuestras palabras. Como dijimos anteriormente, un 93% compone la comunicación no verbal.

La manera que nos comunicamos con el lenguaje no verbal expresan a otros nuestras ideas, creencias internas, ya sea intencional o inconscientemente. Hay expertos que estudian esta manera de lenguaje, ya que nos da mucha más información que la palabra hablada.

Es esencial que usemos adecuadamente del lenguaje no verbal en la comunicación en nuestras relaciones familiares, esto es fundamental porque el comunicar mensajes no verbales erróneos puede causar confusión y herir sentimientos.

Muchos padres creen que la comunicación con sus hijos es solo hablarles y se olvidan que el escuchar es una parte importantísima en la comunicación efectiva.

Los mensajes no verbales que como padres enviamos a nuestros hijos los impactan en muchas maneras, vamos a ver algunas:

• Nuestros hijos pueden percibir como falta de interés, cuando no los escuchamos o cuando nos distraemos. Hay veces que otras personas nos interrumpen cuando estamos hablando con nuestros hijos, o contestamos el teléfono en medio de la conversación. El mensaje que les estamos dando, es que la otra persona más importante que ellos, tal vez no lo es, pero ellos lo perciben de esa manera.

• El lenguaje corporal puede demostrar amor o desinterés. Cuando no somos afectivos con ellos, cuando no los abrazamos o cuando en nuestro rostro tenemos un gesto de indiferencia o rechazo, esto le influye grandemente y por supuesto te dará lo mismo que el recibe. Además, cualquier gesto percibido como rechazo puede afectar su autoestima.

• Podemos impactarlos negativamente con nuestra conducta, aunque no digamos ni una palabra. Los padres tenemos una tremenda influencia en la vida de nuestros hijos. Si gritamos, ellos van a gritar, si somos caóticos, ellos harán lo mismo. Tratemos de ser un buen ejemplo, ellos nos están observando todo el tiempo.

Vamos a detenernos un poquito y pensar en que mensajes les estamos dando a nuestros hijos diariamente con nuestra actitud.

¿Cómo podemos los padres leer la comunicación no verbal en nuestros hijos?

Esta es una pregunta clave que muchos padres quieren saber. Pero quiero aclarar que, para ser un experto, se toma uno muchos años de estudio y práctica, no quiero que los padres se pongan obsesivos con esto, pero sí que estén atentos a esas señales que nos dan, pero que muchas veces pasamos por alto. Cabe mencionar que los adolescentes pasan por una etapa muy compleja, que está detallada en el capítulo de la adolescencia.

Aquí, algunas de las maneras en que puedes leer el lenguaje no verbal de tus hijos:

• Contacto visual: Si tu hijo no te mira a los ojos cuando le hablas, pídele que le hable mirándolo de frente. La Palabra de Dios dice que los ojos son la lámpara del cuerpo.

Y esto es tan verídico, los ojos nos dicen muchas cosas como, por ejemplo, si la persona está triste, enojada, si tiene vergüenza, etc. "La lámpara de tu cuerpo es tu ojo; cuando tu ojo está sano, también todo tu cuerpo está lleno de luz; pero cuando está malo, también tu cuerpo está lleno de oscuridad." Lucas 11:34 (RVR1960).

• Comportamientos contradictorios: Si tu hijo te dice algo, pero su lenguaje corporal te dice otro, esté atento a cambios en su tono de voz, cuando le haces preguntas. La comunicación no verbal debe ser congruente con lo que está diciendo en palabras.

- Observa su postura: La manera cómo caminamos, nos sentamos o nos paramos no solo indica cómo nos sentimos, sino lo que pensamos, creemos o cómo nos vemos a nosotros mismos. Por ejemplo: si le estamos hablando y tienen los brazos cruzados puede indicar que está cerrado a la conversación. Ojo, no siempre significa esto. Tienes que tener mucho cuidado de no atacarlos.

Lo que queremos es que mejoren su comunicación, no que lo psicoanalicen. Para eso están los especialistas.

La comunicación en el matrimonio

Una buena comunicación es fundamental en toda relación, especialmente en el matrimonio. Por el contrario, una comunicación defectuosa es una de las principales razones por la cual los matrimonios terminan en divorcio. La mala comunicación, trae malentendidos, conflictos, crea una distancia o se desconectan emocionalmente. Si las personas no comparten sus sentimientos, no pueden comunicar sus frustraciones o no puedes conectarse con su pareja.

Una buena relación mantiene las líneas de comunicación sincera, franca, honesta y abierta, que es importante para tener esa sensación de confianza y libertad, que se necesita en el matrimonio.

Es muy importante comprender que, aunque los hombres y las mujeres son similares en algunas áreas, también es importante saber que son diferentes, y esto incluye la manera de comunicarse. Hay diferencias en los hombres y las mujeres que son evidentes, como lo físico, su manera de procesar las emociones o los conflictos y hasta en el cerebro de la mujer y el hombre se encuentran diferencias.

El cerebro del ser humano tiene una división en el medio que se llama cuerpo calloso. Es la parte que divide las dos partes del cerebro y resulta que el de la mujer, por tener más fibra, se comunica mejor entre las dos partes, mientras que el hombre usa una parte de su cerebro a la vez.

Las mujeres tenemos la habilidad de hablar por teléfono, estar pendiente del niño y cocinar al mismo tiempo, mientras que el hombre se concentra en una sola cosa a la vez. Algunas mujeres se han dado cuenta que su esposo se concentran en un partido de fútbol y se puede caer el mundo y él no se entera.

Hay muchas mujeres que se quejan de esto, pero deben entender que es la manera de procesar de los hombres, así que la próxima vez que tu esposo esté ocupado o concentrado en un partido de fútbol, por ejemplo, entiende que no te pondrá la atención que tú quieres o necesitas. Es mejor esperar a que él esté disponible y te preste toda la atención necesaria. Por eso es necesaria una comunicación clara y comprender estos detalles puede evitarte muchos conflictos innecesarios, que muchas veces ocurren por falta de conocimiento.

Maneras de comunicarse del hombre y la mujer

Generalmente el hombre es analítico, es más directo en la comunicación. Usan frases concisas, precisas y al punto.

• La mujer usualmente da más detalles, aunque esto depende de la persona. Conozco hombres que dan muchos rodeos al hablar.

• La mujer expresa sus emociones al hablar y usa todo el cuerpo, las manos, se toca el cabello, etc.

• Los hombres por otra parte, son más literales, interpretarán las frases al pie de la letra y por eso, se generarán muchas discusiones.

• La mujer dice como 250 palabras por minuto y los hombres y unas 125 ppm. La mujer un promedio de 25,000 palabras por día, según estudios, y los hombres unas 12,000. La mujer habla un poco más del doble. Unas 13,000 palabras extras diariamente.

Aunque, según los estudios, los hombres son reacios a expresar sus emociones, ya sea porque ven las emociones como algo débil o porque quieren mantener su compostura, ellos también sienten al igual las mujeres. Tal vez el hecho de que le enseñaron desde pequeño que los hombres no lloran, o que la sociedad ha enfatizado que el hombre fuerte es el que se traga sus emociones.

Mi opinión en todo esto es que el hombre que ha llegado al punto donde puede expresar lo que siente, no solo a través de sus palabras, sino a través de sus emociones manifestadas, como el llorar, entonces este hombre ha llegado a la libertad y no se basa en la opinión de la gente para actuar de la manera que él considera debe hacerlo en un momento preciso.

Qué nos dice la Palabra de Dios acerca de nuestro hablar

Mateo 5:37 (RVR1960):
"Antes bien, sea vuestro hablar: "Sí, sí" o "No, no"; y lo que es más de esto, procede del mal."

Es importante que seamos asertivos a la hora de comunicar o explicar algo. Y una manera de ser asertivo es ir al punto y no tratar de exagerar lo que comunicamos.

Generalmente, la persona que habla mucho, casi siempre se mete en problemas o se complica tanto, que después no puede salirse del enredo en que se metió.

Proverbios 17:28 (RVR1960):
"Aun el necio, cuando calla, es contado por sabio; el que cierra sus labios es entendido."

La Palabra de Dios nos instruye para que seamos sabios a la hora de comunicar. En ocasiones es mejor callar, que estar dando opiniones en toda conversación. Es mejor decir un *no sé*, que decir una disparatada.

Proverbios 15:1 (RVR1960):
"La blanda respuesta quita la ira;
mas la palabra áspera hace subir el furor."

Es muy importante que cuando estemos enojados tomemos un tiempo fuera antes de responder. Muchas heridas en los seres más queridos se hacen en momentos de enojo y frustración. Si no vamos a decir algo que aplaque la contienda, es mejor callar, caminar, respirar y regresar cuando estemos más calmados, para poder dar una respuesta blanda, como nos dice aquí este versículo.

¿Cuáles son las características de una buena comunicación?

En toda comunicación tenemos, como sabemos, el que habla (transmisor), el que escucha (receptor) y el mensaje, que puede ser verbal o no verbal.

Lo ideal sería que el que transmite el mensaje lo dé de una manera clara y concisa. Que el que recibe o el receptor, esté atento y escuche el mensaje de manera que pueda repetir el mensaje en sus propias palabras.

Es necesario que seamos respetuosos cuando escuchamos y que callemos cuando la otra persona esté hablando. Muchas veces no escuchamos, sino que oímos por ahí, algo que se dijo, y estamos pensando en lo que vamos a responder.

Es muy importante que la comunicación no verbal (que son los gestos, lenguaje corporal, el tono de voz, etc.) vaya de acuerdo a lo que está diciendo verbalmente. Si no es congruente, podemos dar el mensaje equivocado o confundir a los que nos escuchan.

La parte no verbal es fundamental en toda comunicación, porque tiene mucho más peso, que lo que decimos con palabras.

El lenguaje no verbal también incluye el contacto de los ojos. Hay veces que nos están hablando y estamos mirando otra cosa. Es necesario poner toda la atención cuando nos están hablando.

Si no podemos prestar atención en el momento porque estamos ocupados, es mejor terminar con lo que estamos haciendo y después poner toda la atención. O pedirle a la persona que nos dé un momento antes de prestarle atención y para poder enfocarnos en lo que se nos está diciendo.

El uso adecuado del lenguaje corporal en la comunicación, en las relaciones familiares, es esencial porque el envío de los mensajes no verbales erróneos puede causar confusión y sentimientos heridos.

Por ejemplo, una torcida de boca o de ojos, al momento de escuchar puede enviar el mensaje de que no te interesa o rechazas al que te está comunicando, pero tal vez simplemente te encuentras frustrado.

¿Cómo podemos mejorar la comunicación con nuestros hijos?

Muchos padres creen que la comunicación con sus hijos es solo hablarles y se olvidan que escuchar (no oír) es una parte importantísima en la comunicación efectiva.

Resiste la tentación de interrumpirlos: Los más pequeñitos puede que no se expresen claramente o rápidamente. Si este es el caso, anímalo a que continúe hablando y después puedes repetir lo que el niño está tratando de decir.

Trata de hacer preguntas abiertas: Trata de no hacer preguntas que sabes que responderá con un sí o un no, especialmente con los adolescentes. Por ejemplo, no preguntes: "¿Tuviste un buen día?" En cambio, puedes preguntar: "¿Qué aprendiste hoy en la escuela? ¿Qué fue lo que más te gustó?"

Sé claro y conciso en tu mensaje: Trata de no usar palabrerías que ni tú mismo entiendas. Ten en cuenta la edad de tu hijo. Ordena tus pensamientos y después exprésalos. **Proverbios 17:27 (RVR1960):** "El que ahorra sus palabras tiene sabiduría."

Muestra que estás escuchando atentamente: El escucharlos les enseña a expresar sus sentimientos, preocupaciones e ideas. La mejor manera de enseñarles a escuchar es que tú los escuches también.

Consejos finales para mejorar la comunicación

No asumas, has preguntas. Es mejor aclarar lo que se dice, ya sea parafraseando o repitiendo lo que literalmente escuchamos, a tener dudas y asumir algo que tal vez no fue el mensaje que se nos dio.

Escucha atentamente, no te distraigas y no ignores lo que se te dice por estar pensando en lo que vas a responder. El escucharlos les enseña a expresar sus sentimientos, preocupaciones e ideas. La mejor manera de enseñarles es que le prestes atención cuando te hablen., recuerda que somos sus modelos.

Concéntrate en el conflicto de ahora en el momento presente, especialmente las mujeres, que son las que generalmente traen cosas del pasado. Usa la empatía, ponte en los zapatos del otro, es importante entender que puede ser que la persona se sienta frustrada y no sabe cómo expresarlo.

Todo lo que haces, hazlo con amor, hasta el escuchar con atención. Dios nos ha llamado al ministerio de la reconciliación, seamos los pacificadores, los que aman incondicionalmente, así como nos ama nuestro Padre Celestial.

Si vives en los Estados Unidos, recuerda que están aprendiendo dos idiomas y que pueden haber palabras muy sofisticadas que tu hijo no comprende.

Este conocimiento es bueno, pero como siempre recalco, la Palabra es el mejor libro de instrucción para corregir a nuestros hijos. Pero tenemos que comenzar nosotros obedeciendo y siendo ejemplos en todo tiempo.

Unas de las partes importantes de la comunicación no es hablar, sino escuchar atentamente. Más que escuchar con los oídos, debes escuchar con tu cuerpo completo, con tus gestos, tu mirada y mostrar que no solo estás escuchando, sino que te interesa lo que te están diciendo. Y lo más importante, escucha con el corazón.

Que nuestro hablar sea agradable a otros. **Colosenses 4:6 (RVR1960):** "Que vuestra conversación sea siempre con gracia, sazonada como con sal, para que sepáis cómo debéis responder a cada persona."

Y sobre todo, recuerda que daremos cuenta por cada palabra que salga de nuestra boca. **Mateo 12:37 (RVR1960):** "Porque por tus palabras serás justificado, y por tus palabras serás condenado".

Para reflexionar:

¿Cómo te estás comunicando con tu esposo/a, con tus hijos, en tu trabajo?

_____

_____

¿Piensas que los otros no te entienden cuando te comunicas?

_____

_____

¿Qué puedes hacer para mejorar tu comunicación?

_____

_____

Mis notas y pensamientos:

4

EL PERDÓN

La verdadera libertad

¿Qué es el perdón?

Todos los seres humanos hemos pasado por momentos de dolor emocional, donde nos han herido hasta lo más profundo de nuestro ser. Pasamos por decepciones, traiciones, engaños y/o quizás nos han herido con palabras que laceraron nuestra alma y marcaron nuestras vidas de manera negativa, dejando heridas profundas y difícil de sanar.

Pero también es importante saber que nosotros hemos herido a otros con nuestras actitudes y comportamientos o por algo que dejamos de hacer, y que en ocasiones no nos dimos cuenta de que los lastimamos.

Tal vez te cuesta perdonar a personas que te hicieron esas promesas que nunca viste hechas realidad, porque no solo nos cuesta perdonar lo que nos hicieron, sino lo que no nos cumplieron.

Probablemente te pasó algo en el pasado, que piensas que jamás podrás perdonar, por las marcas tan profundas que quedaron en tu alma que sentiste que te dejaron en pedacitos y sin ganas de vivir.

Acompáñame en este capítulo a explorar y a profundizar un poco en lo que significa el verdadero perdón. Te pido que tengas un corazón abierto y receptivo a recibir sanidad a través de tomar una de las decisiones más importantes de tu vida, que te llevará a la verdadera libertad.

El perdón es una de las decisiones más difíciles que el ser humano enfrenta y que muchas veces no llega a completar; sin embargo, es una de las decisiones más necesarias en el caminar de nuestras vidas, que trae muchos beneficios, principalmente para nosotros mismos.

He tenido infinidad de personas en mi consultorio, que muchos de sus problemas tienen raíces en la falta de perdón. Ellos con su disposición y trabajando en su proceso, muchas veces de larga duración, han llegado a perdonar y dejar ese pasado que tanto les amargaba la vida, que no les permitía vivir una vida plena y que les traía consecuencias a su vida social, emocional y física, entre otros problemas.

Quiero comenzar, contándote una historia que una vez escuché, no sé si ocurrió en la vida real, pero encierra una enseñanza muy profunda.

Un profesor, en una de sus clases, puso una montaña de papas en el medio del salón y les pidió a sus estudiantes que tomaran una papa por cada persona que no habían perdonado, les pidió que pusieran el nombre de esa persona y que las colocaran en una bolsa que el profesor proporcionó a cada estudiante. Les dijo que tenían que llevar esa bolsa de papas para todos lados por una semana, la llevaban al baño, a las reuniones, fiestas, a clases, en fin, a todos lados, hasta tenían que dormir son sus bolsas llenas de papas.

Al cabo de la semana, se reunieron nuevamente con el profesor y le tocó a cada uno contar su experiencia de cómo le había ido con la bolsa cargada de papas. Unos contaban que no se habían podido concentrar por estar pendiente de sus papas y que en ocasiones se les olvidaba y tenían que regresar por ella, otros decían que el peso los cansaba, ya que tenían una buena cantidad de papas.

Cada uno iba contando su experiencia durante esa semana, pero lo más impresionante, es que al final de la semana, algunas papas se habían dañado, y los que saben de esto, una papa podrida es uno de los olores más repugnantes que existe.

Así como esta carga de papas pesadas y dañadas, hay muchas personas que con la falta de perdón, están llevando esa bolsa pesada de papas que no los deja disfrutar de las cosas de la vida y sobre todo de la libertad que tienen cuando sueltan ese pasado o a esa persona que tanto les ha herido, cuando se perdona de corazón.

De la misma manera como nosotros queremos o necesitamos recibir ese perdón cuando fallamos, así hay otros que necesitan de nuestro perdón. Es muy común que queramos rápidamente que nos perdonen y que se olviden de lo que hicimos, pero, nos cuesta a veces conceder ese perdón al que nos lo pide.

La Palabra de Dios nos instruye sobre la importancia de perdonar a otros para poder ser perdonados.

Mateo 6:14-15 (RVR1960):
"Porque si perdonáis a los hombres sus ofensas, os perdonará también a vosotros vuestro Padre celestial; más si no perdonáis a los hombres sus ofensas, tampoco vuestro Padre os perdonará vuestras ofensas."

Todos pasamos por momentos difíciles en donde nos hieren, especialmente en nuestra niñez cuando somos más vulnerables, momentos que todos en algún momento experimentamos en el transcurrir de nuestras vidas. Estas ofensas o heridas vienen muchas veces de las personas que más amamos, familiares, amigos o personas a las que les teníamos una extrema confianza.

Nadie está exento de ser herido o de herir a otros, porque simplemente somos seres humanos que seguimos cometiendo errores consciente e inconscientemente. En ocasiones, con la intención de cobrar venganza herimos a otros, en otros momentos, simplemente porque pensaste que era lo mejor para la otra persona, sin embargo, ofendiste a alguien con tu acción.

Aún en momentos que tenías una buena intención, puedes ofender a otra persona, por ejemplo, cuando queremos hacernos los graciosos y nos sale una ofensa. Hay ocasiones en donde la persona que te ofendió ni se dio cuenta, o tú mismo no te enteraste que lo que hiciste o dijiste, era ofensivo o era un insulto para otros.

Uno puede herir a otro aun sin decir una palabra, sí, podemos ofender con un gesto, una mueca de desprecio o algo que prometiste o que no hiciste y la otra persona lo tomó como rechazo o como que no le importas. Y esto se ha visto en los padres hacia los niños, donde prometen salidas, actividades o alguna otra cosa, pero no cumplen. Esto hace daño a la autoestima de los niños, los hace sentir inseguros, engañados, además que les damos muchos mensajes a través de nuestras acciones, más que con nuestras palabras.

Por eso es importante y fundamental que tengamos una comunicación abierta con nuestros seres queridos, para evitar malentendidos.

También es fundamental que entendamos a profundidad de lo que se trata el verdadero perdón. Es importante que tengamos claro por qué es necesario perdonar de corazón y no solo decirlo, sino tomar esa decisión de hacerlo con honestidad, entregando todo y dejando ir. Solo así podremos sanar y tener un cambio verdadero.

La memoria y el perdón. ¿Debemos olvidar para saber que hemos perdonado?

Hay personas que dicen que el que perdona olvida, pero lo que sucede es que Dios puso una memoria en nosotros por alguna razón y no necesariamente se borran esos momentos de dolor de nuestras mentes, ni siquiera después de perdonar. Aunque hay personas que han pasado por traumas tan profundos, que inconscientemente no recuerdan esos eventos que causaron mucho dolor, pero esto no quiere decir que no estén allí.

Puede pasar que en el momento menos esperado ese recuerdo salga a la luz y provoque algún desequilibrio emocional o una reacción exagerada ese otro evento que provocó que ese recuerdo saliera.

El ser humano en ocasiones se da cuenta que reacciona de una manera abrupta y no comprende por qué lo hace. Pueden ser varias razones o muchas cosas que pasen por su mente y que no esté consciente de esto.

Tal vez pueda ser provocado por un evento traumático que quedó guardado en el subconsciente y que es activado por algún comentario que, por ejemplo, trajo ese recuerdo a flote y lo hizo actuar de esa manera. O algo que vio o algún otro tipo de disparador que le tocó esa fibra interna guardada en su mente, pero que tal vez no lo recuerda completamente.

La memoria es un regalo de Dios y gracias a ella podemos recordar momentos muy felices de nuestra niñez o lo que comimos ayer, nuestro nombre, edad y actividades que haremos en el futuro. La memoria es algo fundamental del ser humano y guarda lo que fuimos y somos.

El ser humano se protege del dolor emocional y muchas veces crea barreras para evitar el malestar que provocan esos recuerdos amargos. En ocasiones, las personas tratan de evitar su dolorosa realidad presente o recuerdos del pasado a través del uso de sustancias como las drogas o el alcohol.

Otras veces, esas heridas del pasado crean esas raíces de amargura, que no los dejan disfrutar de la vida, de su familia o de su matrimonio. En otras ocasiones son personas agresivas verbalmente y al menor incidente, donde perciben amenazas, explotan en ira, hiriendo a sus seres queridos o amigos.

No es que la persona pueda borrar deliberadamente esos recuerdos, lo que sucede es que esos traumas o momentos muy dolorosos se esconden o almacenan en algún lugar de nuestro cerebro y se mantienen fuera de nuestra conciencia.

Aunque eso no quiere decir que no nos afecte. Muchas de las reacciones, o trastornos psicológicos, están relacionados con traumas que tal vez no se recuerden.

Nuestro Dios es el único que puede decidir sacar de su propia memoria lo malo que hemos hecho. Qué maravilloso es, no solo que nos pueda perdonar, sino que él quiera no acordarse de nuestros pecados.

Cuando nos arrepentimos y pedimos perdón de corazón, él echa esos pecados donde nadie puede buscarlos, a la misma profundidad del mar. Mira lo que nos dice su Palabra:

Hebreos 10:17 (RVR1960):
"Y nunca más me acordaré de sus pecados y
transgresiones."

Miqueas 7:18-19 (RVR1960) dice:
"¿Qué Dios como tú, que perdona la maldad, y **olvida el pecado** del remanente de su heredad?
No retuvo para siempre su enojo, porque se deleita en misericordia. Él volverá a tener misericordia de nosotros; sepultará nuestras iniquidades, y **echará en lo profundo del mar todos nuestros pecados.**"

Pero
¿por qué a la gente le cuesta tanto perdonar?

Hay varias razones por las cuales las personas les cuesta perdonar:

Puede ser porque cree que la persona que les hizo el daño no merece ser perdonado, o tal vez piensa que no es justo lo que le hicieron, y aunque puede ser cierto, no nos podemos concentrar en esto a la hora de tomar la decisión de perdonar.

Sí, porque perdonar es una decisión. Debemos tener claro que el perdón es un mandato que nuestro Padre Celestial nos dejó estipulado en su Palabra. Dios quiere que seamos obedientes a su Palabra en todo, así que esto incluye el perdonar.

Otra razón, puede ser que la persona puede pensar que va a justificar a la persona que les hizo daño. El perdón en sí no justifica lo que te hicieron o a la persona que te hirió.

El perdón es en realidad un acto que deja a la justicia divina obrar, te libra de esas ataduras que tienes con la persona o tu pasado; y muchas veces esta falta de perdón no te deja avanzar. Recuerda, cada uno es responsable por sus acciones y decisiones. Seamos responsables de las nuestras y dejemos a Dios actuar en la otra persona.

Hay personas que piensan que, si no perdonan, castigarán al otro. Esto generalmente no es cierto, muchas veces los que nos ofenden, no lo ven como que están ofendiendo, tal vez no les importa, o hay veces que ni siquiera se dan cuenta de lo que hicieron. Y somos nosotros los que estamos en amargura cuando la otra persona quizás ni se acuerde.

Una de las ideas erróneas más comunes en esto de perdonar, es que muchas personas piensan que para perdonar tienen que tener una relación con esa persona que les hizo daño.

Una de las lecciones más importantes que he aprendido, es que la acción de perdonar es una actitud del corazón. No necesariamente tienes que estar relacionándote con esa persona para demostrar que perdonaste.

Hay gente que puede decir que perdonó y compartir tiempo con esa persona, pero en realidad no ha perdonado de corazón; puede guardar rencor o hasta odiarla y puede aparentar que está bien. Eso es vivir una mentira. Tú puedes perdonarlos de corazón y no necesariamente tener una amistad con él o ella.

Y si aún quieres ir a un nivel más profundo de sanidad, ora por esa persona. Te preguntarás "¿Cómo que orar, si me cuesta tanto perdonar?" Bueno, recuerda que no es por lo que sientes, es por obediencia. Te garantizo que, si lo haces, comenzarás a sanar esas heridas, te sentirás libre de ese peso de falta de perdón y comenzarás a pedir misericordia por esa persona que te hizo tanto daño.

He tenido cantidad de personas en mi consulta, que muchos de sus problemas radican en la falta de perdón, ya que trae consecuencias que muchas veces no sabemos al principio del proceso de terapia, de donde viene tanto dolor.

Consecuencias de no perdonar

Cuando no perdonamos, los más afectados somos nosotros mismos. La falta de perdón nos impide vivir una vida feliz y plena. El no perdonar nos hace prisioneros de nuestros propios sentimientos de rencor, amargura y en ocasiones de venganza o de hacer pagar el acto injusto que nos causó tanto dolor y sufrimiento.

Es muy interesante saber que los científicos e investigadores han llegado a la conclusión que la amargura es una enfermedad mental que puede llevar a las personas a enfermedades físicas graves, ya que afecta el sistema inmunológico. Y como sabemos, cuando nuestro sistema inmunológico no está en su óptimo estado, estamos expuestos a tantas enfermedades.

Los expertos están de acuerdo en querer categorizar la amargura en el Manual de Diagnóstico de Psicología y Psiquiatría para que podamos dar el tratamiento adecuado. Estos especialistas también llegaron a la conclusión que, para contraatacar el mal de la amargura, hay una solución para lidiar con esto ¡y es precisamente el perdón!

Es impresionante conocer que, cada vez más la ciencia está corroborando lo que está escrito en la Biblia acerca del perdón. Vamos a explorar unas cuántas escrituras que nos hablan de las desventajas de no perdonar. Una de las consecuencias más graves de la falta de perdón es que, no solo te lleva a la amargura, sino que también afecta a las personas de tu alrededor.

Hebreos 12:15 (RVR1960):
"Mirad bien, no sea que alguno deje de alcanzar la gracia de Dios; que, brotando alguna raíz de amargura, os estorbe, y por ella muchos sean contaminados."

La falta de perdón nos impide entregar las ofrendas como Dios manda.

Mateo 5:23-24 (RVR1960):

"Por lo tanto, si estás presentando tu ofrenda en el altar y allí recuerdas que tu hermano tiene algo contra ti, deja tu ofrenda allí delante del altar. Ve primero y reconcíliate con tu hermano; luego vuelve y presenta tu ofrenda."

Es importante que antes que ofrezcamos nuestras ofrendas, estemos bien con otros. Dios nos enseña la importancia de mantener un corazón limpio, tranquilo y en paz con todos, en lo posible.

La falta de perdón nos ata al pasado, muchas veces nos perdemos de las cosas lindas de la vida o las bendiciones que tenemos en el presente, por estar llenos de amargura o de ira por lo que nos hicieron en el pasado. Es hora de soltar y dejar ir ese pasado que, aunque ya pasó, lo seguimos haciendo un eterno presente. Y lo peor es que nos hacemos mucho daño.

Mi testimonio personal del perdón

Abro mi corazón y mi historia y le pido a Dios con todo mi ser, que este testimonio sirva para que puedas llegar al verdadero perdón y que tu corazón sea sanado de esas heridas del pasado. Lo que te puedo decir es que, con Dios, ¡todo es posible!

Nací en un hogar humilde en la ciudad de Panamá, República de Panamá. Soy la mayor de 7 hermanos. De mi niñez, tengo recuerdos de momentos muy buenos, así como también recuerdos muy fuertes por la situación de violencia intrafamiliar que vivimos mis hermanos, mi madre y yo.

Debido no solo a la adicción al alcohol de mi padre, sino a la agresividad que presentaba cada vez que consumía alcohol, mi familia vivía bajo la sombra de abuso psicológico, emocional y físico.

Una de las cosas que más recuerdo, es que cada Navidad, cuando mi padre tomaba de más (que generalmente era así), para nosotros era muy tormentoso el terror que sentíamos, al saber que esa noche nos esperaba golpes, maltrato y mucho, pero mucho miedo. Mi madre, para protegernos, nos escondía en las casas de los vecinos y esperábamos hasta saber que él estaba profundamente dormido para poder regresar a nuestra casa.

En las ocasiones que no pudimos escapar, recibíamos más que todo correazos, que dejaban marcadas nuestras piernas por un tiempo. Mi madre indefensa, recibía lo peor, golpes y hasta recuerdo una vez que una silla fue lanzada sobre su cabeza.

No hay nada más impresionante para un niño, que ver a tu madre ser maltratada. Las imágenes, los gritos y el trauma del abuso, cualquiera que sea, físico, emocional, psicológico y sexual quedan en la memoria, es algo que no se puede borrar.

Con este constante abuso físico, aprendí a no llorar, sino a tragarme todo y enfrentar lo que era inevitable en ese momento. Así que, como yo era la mayor, me tocaba recibir en primera fila los correazos.

Recuerdo que me ponía rápidamente en la fila, para pasar ese trago amargo y después de recibirlos, me iba inmediatamente a la cama a dormir y así cada uno de mis hermanos (éramos cuatro en ese tiempo), también recibían su parte y se iban a dormir.

Puedo decir que, aunque sentía que era fuerte, en realidad ahora de grande y comprendiendo la psiquis del ser humano, me di cuenta que lo que estaba era llena de terror y prefería pasar el momento rápido ya que era inevitable.

No solo teníamos que lidiar con el abuso, sino con la vergüenza y burla de que nuestros amiguitos del barrio vieran a nuestro padre llegando a la casa diciendo palabras groseras y casi sin poder sostenerse en pie, por lo embriagado que estaba.

Además, en esos momentos, a mi padre se le daba por botar la comida y tirar cosas. Literalmente, era un monstruo que con la bebida se trasformaba en una persona diferente a lo que era cuando estaba sobrio. En momentos de sobriedad, recuerdo épocas muy felices, en donde jugaba con nosotros. Mi padre tenía un carisma impresionante, era muy bromista y siempre tenía una respuesta brillante para todo.

Así, fuimos creciendo y antes de mi adolescencia, mi madre un día, tomó la valiente decisión de escaparse con nosotros cuatro, para protegernos y evitar el abuso.

Cuánto le agradezco a Dios por la valentía de mi madre, doña Mila, como la llamamos cariñosamente. Con cuatro muchachos, unas muditas de ropa que teníamos y unos cuantos muebles, decidió que ya no aguantaba más seguir viviendo en ese infierno en vida, que no solo eran los días feriados, sino que se hacían cada vez más seguidos.

Nos fuimos a un lugar donde estábamos a salvo de toda esa violencia, pero también con algo de temor que nos pudiera encontrar y seguir el abuso, pero gracias a Dios no fue así.

Mi padre quería que regresáramos, pero esto nunca sucedió.

Crecimos y logramos graduarnos de la escuela con el sacrificio y esfuerzo de nuestra madre y la bendición de nuestro padrastro que llegó años más tarde, para apoyar nuestra familia que estaba tratando de levantarse.

A los 18 años conocí al hombre más maravilloso del mundo, mi esposo Luis, y jamás me imaginé que mi vida cambiaría para siempre.

Ocho meses después de conocernos, su familia decidió mudarse a los Estados Unidos y tres años después nos casamos. Éramos dos jóvenes de 20 y 21 años con muchos sueños y planes para el futuro.

Dejé a toda mi familia en Panamá, los extrañaba muchísimo, pero era necesario comenzar una vida nueva al lado de mi esposo. Creo que con ese cambio radical intenté borrar todo ese dolor del pasado, a mi padre lo anulé y prácticamente lo enterré en vida.

Casi no hablaba con él y aunque siempre pedía perdón y decía estar muy arrepentido, a mí no me importaba. Tal vez pensé que, poniéndolo en el olvido, todo estaría resuelto en mi vida. Como decimos, borrón y cuenta nueva, pero estaba bien lejos de la realidad.

La verdad tenía mucha rabia, rencor, resentimiento en contra de él. Me preguntaba una y otra vez, cómo era posible que él siendo mi progenitor, me hubiera tratado así. Yo era supuestamente su princesita y él debió cuidarme y protegerme en todo tiempo.

Al tener nuestros hijos, me preguntaba cómo era posible que un padre pudiera abusar de esa manera a sus hijos, cuando se supone que no quieres que sufran o que pasen por malos momentos.

Todo este resentimiento en mi corazón me hizo una persona dura, amargada, con baja autoestima y totalmente a la defensiva, hasta con la más mínima amenaza que percibiera, real o imaginaria. Aunque por fuera, aparentaba una mujer dulce, por dentro estaba muy dañada y llena de dolor y todo por la amargura que causaba la falta de perdón.

En un intento de buscar una explicación del porqué mi padre se comportaba de esa manera y entender mi propio trauma, entré a la carrera de psicología. Además de querer "arreglarme" internamente y buscar la sanidad.

En realidad, la psicología me enseñó muchas cosas y pude comprender y procesar otras, pero no llegaba la sanidad total a mi vida. Seguía con mucho dolor y rencor.

En el año 2007, entregué mi vida a Jesús, que fue la decisión más importante de mi vida y comenzó un proceso de sanidad acelerada, que era necesaria para la encomienda que tengo en este mundo, pero que no entendía en ese momento.

Un día, Dios habló a mi corazón a través de su Palabra y comencé a comprender lo fundamental que es el perdón en nuestras vidas. Siempre decía "pero ya yo perdoné a mi padre, no tengo que perdonarlo".

Pero la verdad era que no había perdonado de corazón. Era necesario hablar con mi padre y confrontar lo que no quería, ese dolor y esas heridas que deja el abuso.

Siempre menciono en mis sesiones de terapia y consejería, que cada herida del alma es como las heridas físicas a nuestro cuerpo. Entre más profunda o grande la herida, más tiempo toma en sanar, además de afectar otras cosas interiores, como ligamentos, tendones o músculos.

Al cabo del tiempo, se nos forma la costra en la parte superficial de la piel y supuestamente esta herida está sanando, que es el caso de la mayoría de las heridas. Pero en ocasiones, esta herida está infectada por dentro y hay dolor o pus tal vez y esto provoca malestares o síntomas y es señal de que algo no está bien, aunque por fuera pueda parecer que sí.

Para poder sanar completamente, es necesario que sea removida esa costra y que sea limpiado de adentro hacia afuera. ¡Y eso duele! Es necesario remover también todo lo dañado, podrido que tenemos interno y que huele mal. Así también trabaja la sanidad del alma que en la mayoría de las ocasiones, no queremos enfrentar, pero que es necesario para una verdadera sanidad, que viene de adentro hacia afuera.

Tomé la decisión de obedecer a Dios, en lo que me había hablado a través de su Palabra. Y procedí a llamar a mi padre y decirle esas palabras que por tantos años él anhelaba escuchar: "Papi, te perdono".

Recuerdo que marqué su número telefónico y mi corazón se quería salir de tantos sentimientos encontrados en ese momento. Cuando mi padre respondió, le dije que tenía mucho dolor en mi alma por todo lo que habíamos pasado, pero que en ese momento lo perdonaba, que lo dejaba libre. Pero resultó que a la que estaba liberando era a mí misma.

Le conté que había conocido el amor más grande, el amor de Dios, que yo era una persona nueva y que Dios había llenado mi corazón de amor. En ese momento, sentí el sollozo de mi padre del otro lado de la línea y me dijo que había esperado eso por mucho tiempo, no se cansaba de repetir que estaba agradecido. En ese mismo instante, sentí que un peso muy grande en mis hombros se quitaba y me sentía tan liviana, literalmente. ¡Me sentí libre!

Allí fue que verdaderamente entendí lo que era perdonar de corazón. Supe que había estado en una cárcel que yo misma me había metido, por no perdonar desde antes. Comprendí que ese saco de papas me acompañaba todos los días de mi vida y que ya apestaba. Ese olor de la amargura lo sienten nuestros seres queridos, que no tienen nada que ver con lo que nos pasó, pero que muchas veces reciben injustamente malos tratos o momentos amargos por nuestro corazón herido.

Te preguntarás cómo fue el proceso del perdón. Bueno, lo primero que quiero decir es que cada ser humano es diferente, cada situación es diferente y, por lo tanto, cada proceso no es igual. Es importante saber que el perdón es una decisión y no es fácil de tomar. El perdón no se basa en nuestros sentimientos, porque si lo basamos en eso, jamás perdonaríamos.

Tampoco se trata de que la otra persona tiene que venir a pedir perdón, o debe estar arrepentida ya que, en ocasiones, esa persona jamás pedirá perdón porque cree que no hizo nada. Tal vez esa persona, siente mucha vergüenza o tiene miedo a tu reacción. Quizás, como dije antes, ni siquiera se dio cuenta que te hizo daño. O tal vez esa persona ya falleció.

Una de las cosas que he vivido junto a mis pacientes, en esta área de trabajar el proceso del perdón, es la importancia de ponerse en los zapatos del otro. La misericordia y la empatía son fundamentales en este asunto del perdón.

Recuerdo que una de las cosas que Dios me mostró en este proceso, fue precisamente lo importante que era ver lo que mi padre había experimentado en su niñez y adolescencia. Pude comprender que él fue una víctima también de las situaciones que enfrentó en su propia niñez.

Cuando logré verlo con compasión y sentir su dolor, pude comenzar este proceso del perdón. Aunque no hay justificación por lo que él hizo con nosotros, es más, nunca lo hay cuando hay abuso, pero esto me ayudó personalmente a verlo desde otra perspectiva, desde el punto de vista de la misericordia.

El tener presente que los seres humanos pasamos por tantas cosas en esta tierra, que somos víctimas de situaciones que nos marcan de por vida, nos hace identificarnos unos con otros.

Aunque mi padre en su niñez también pasó por un tipo de abuso por parte de una vecina, lo que marcó su vida para siempre fue la pérdida de su madre de una manera muy trágica y a una edad muy temprana.

Cuando mi papá tenía la edad de 14 años, su madre fue atropellada por un automóvil. Él se encontraba con sus amigos jugando, cuando de repente le informaron que su madre había muerto en ese accidente de carro que acababa de pasar. No me puedo imaginar el dolor que sintió al ver a su madre allí y con la frustración de no poder hacer nada.

Como dije anteriormente, esto no justifica de ninguna manera las acciones de mi padre con sus propios hijos, pero esto me llevó a comprender que ahogaba su dolor a través del alcohol.

Quiero también recalcar que esta es mi experiencia personal y que no necesariamente aplique en todos los sentidos a lo que has pasado. Es importante que te concentres en el fundamento de mi mensaje y es poder ponernos en los zapatos de otros, aun de los que nos han dañado o de nuestros enemigos.

La Palabra de Dios nos dice que amemos a nuestros enemigos, Jesús lo dijo bien claro en los siguientes versículos:

Mateo 5:43-45 (RVR1960):
"Habéis oído que se dijo: "AMARÁS A TU PRÓJIMO y odiarás a tu enemigo." Pero yo os digo: amad a vuestros enemigos y orad por los que os persiguen, para que seáis hijos de vuestro Padre que está en los cielos."

La decisión final del perdón la toma uno, sin importar lo que sientas, si esa persona se lo merezca o no, o si esta persona te lo pide o jamás se acerque a ti. Es necesario hacerlo para poder liberarte y dejar ese pasado donde siempre debe estar, en el pasado.

Les puedo asegurar que, desde ese día, me sentí libre, liviana, con más alegría y lista para recibir todo lo que mi Padre celestial tenía para mí y que no podía disfrutar al máximo porque estaba presa de mis propios sentimientos, por todo lo que llevaba por dentro.

¿Cómo sabemos que hemos perdonado?

Una de las claves principales para saber si has perdonado, no es tanto el olvidar, sino que cuando recuerdes, no sientas amargura, dolor o cualquier otra cosa negativa en contra de esa persona o personas que te hicieron daño o que te decepcionaron.

Recuerda que Dios nos dejó la memoria y es muy importante, ya que, si no recordáramos, entonces ¿cómo podríamos dar testimonio a otros? No podemos negar o cambiar lo que pasó, pero sí podemos tomar la decisión de perdonar y vivir una vida verdaderamente libre.

Sabes que perdonaste cuando puedes contar tu testimonio, sin sentir esa sed de venganza o desear que a esa persona le pase lo peor.

Cuando puedes ver a la persona que te hizo daño como un hijo de Dios o una creación de Dios y le pides al Señor que te deje ver a esa persona como él la ve, a través de sus ojos, con ojos de misericordia, entonces lo verás todo de una manera diferente. Tú no sabes si esa persona puede ser una víctima también, no sabes lo que hay en el corazón de esa persona que la hace actuar de esa manera.

Sabemos que algunas cosas son más difíciles de perdonar que otras, dependiendo de la falta, pero aun los asesinos han sido perdonados por familiares de la persona asesinada. Hay varios testimonios de estos casos. Uno de los testimonios más impactantes, ha sido el del evangelista Yiye Ávila. Su hija Carmen Ilia fue asesinada a puñaladas por su esposo en 1989.

El señor Ávila cuenta en un video, cómo él pedía perdón a Dios por este joven y no solamente eso, sino que pedía misericordia para que no lo enviaran a la silla eléctrica. Él narra que es muy difícil llegar a este punto, pero que con la ayuda de Dios podemos lograr hacerlo. Él finalmente perdonó al asesino de su hija.

No nos concentremos en la otra persona, cada uno tendrá que dar cuentas a Dios de sus actos, mas bien enfoquémonos ahora en lo que podemos hacer nosotros por buscar esa libertad que necesitamos cuando perdonamos de verdad. Y lo que sí podemos hacer, es darnos permiso para perdonar, tomar esa decisión.

No demores más. Ya verás que Dios traerá sanidad a tu corazón. Él conoce el dolor que sientes y quiere que seas libre.

Dios sabe todo y no podemos engañarlo, así que, sé honesto delante de Él y verás cómo tu vida cambia para siempre. Examina tu corazón en lo que pienses que has perdonado, hazte un autoexamen.

Es muy importante saber que no necesariamente tienes que verbalizar el perdón hacia esa persona, ni siquiera tienes que estar al frente de él o ella. Hay veces que no tenemos la oportunidad, ya sea porque la persona no está en nuestras vidas, vive lejos o ya falleció.

El perdón es una actitud del corazón. No es decirle a una persona: "te perdono", sin ser sinceros. Es mejor que no la veas, pero que tu corazón esté sano y guardado. La Palabra nos dice que, "Sobre toda cosa guardada, guarda tu corazón; Porque de él mana la vida." **Proverbios 4: 23.**

Guarda tu corazón del resentimiento y la amargura que causa el no perdonar. Debes deja ir los malos recuerdos y los sentimientos negativos porque son un veneno para el alma y el corazón humano.

Muchos se preguntan si realmente perdonaron. Si necesitas ayuda y tener una persona como tu testigo de tu decisión, busca un líder spiritual o un profesional en el área. Así, cuando los pensamientos regresen a tu mente, puedes recordar tu decisión de perdonar, dejar ir y seguir viviendo en paz y sin resentimientos.

Consejitos finales

Una de las cosas más difíciles para muchas personas es perdonarse a sí mismas, cuando creen o sienten que lo que hicieron es imperdonable.

Muchas veces el ser humano es su más cruel verdugo, se condena a sí mismo por errores cometidos en el pasado y se privan de vivir una vida plena.

Generalmente la depresión se manifiesta precisamente por cosas que hicimos o no logramos en el pasado o por nuestras fallas. La gente vive en su propia condenación y se auto castigan, viviendo una vida miserable.

Recuerda que nuestro Padre Celestial, quien es un ser perfecto, decidió concedernos el perdón si vamos delante de él con un corazón humillado. Él es comprensivo y cuando le dejamos el control de nuestras vidas, nos hace criaturas nuevas en él.

Hoy te invito a que te perdones y dejes atrás lo que hiciste o dejaste de hacer. **Te pregunto:** Si no eres capaz de perdonarte, ¿cómo vas a poder perdonar a otros?

Si el que te ofendió no se arrepiente, no importa, aun así debes perdonar. Si nunca nos piden perdón, de todas maneras, debemos perdonar, porque la decisión de perdonar no se trata de lo que los otros hagan, sino de nosotros.

A veces que la gente es presionada a perdonar antes de que estén listos y esto los puede llevar a un falso perdón. Cuando nos sentimos obligados a perdonar solo para agradar a otros, o para que nos acepten, o que no piensen mal de nosotros, esto no es perdón verdadero. Esto sería una acción para evitar el rechazo.

Hoy te aconsejo que no esperes a sentir algo bueno para perdonar, porque nunca lo sentirás, sabemos que el perdón es un mandato y una decisión, no un sentimiento, así que medita en esto y toma la decisión con todo tu corazón.

Colosenses 3:13 (BTX)

"Soportándoos los unos a los otros, y perdonándoos los unos a los otros, si alguno tiene queja contra otro. Como el Señor en verdad os perdonó, así también vosotros."

El Padre Celestial no solo nos pide que perdonemos, sino que sea de la manera que él VERDADERAMENTE lo hizo. Dios no nos pide algo que él no haya hecho. Fíjate que Dios nos manda en su Palabra que lo amemos, porque Él nos amó primero y que perdonemos, porque Él nos perdonó primero. ¡Qué Papá tan hermoso que nos enseña con su ejemplo!

No podemos controlar las circunstancias de la vida, lo que pasa a nuestro alrededor o lo que otros hagan o piensen de nosotros, pero tenemos el libre albedrío para escoger lo que pensamos y para controlar nuestras reacciones a las situaciones y circunstancias de la vida.

La gente va a seguir ofendiendo y nosotros ofenderemos a otros. Y no por esto tenemos que mantenernos estancados en el odio y el enojo, sino por el contrario, salir de ese estado para que nada nos estorbe en nuestra relación con el Padre Celestial.

Es muy importante que nuestro corazón esté recto y limpio delante del Señor. Es muy difícil para muchos salir de resentimientos y de crear esas vallas de protección, especialmente cuando nos atacan constantemente. Sé que es frustrante cuando vemos las injusticias humanas delante de nuestros ojos y no poder hacer nada. Te comprendo completamente y estoy de acuerdo que solos no podemos hacerlo. Hay una fuerza mayor y es la fuerza del amor de Dios en nuestros corazones que nos llevará a perdonar de corazón, no solo de palabra.

Guardemos nuestros corazones para vivir una vida plena, llena de amor, para poder ser libres de ataduras y cosas que no valen la pena ni siquiera dedicarles un minuto de nuestras vidas. Seamos rápidos para perdonar, aun antes que la persona venga, si es que viene. Pero también seamos los primeros en pedir perdón, eso es humildad. El perdón trae reconciliación, y ese es precisamente al ministerio al que fuimos llamados.

2 Corintios 5:18-19 (RVR1960):
"Y todo esto procede de Dios, quien nos reconcilió consigo mismo por medio de Cristo, y nos dio el ministerio de la reconciliación; a saber, que Dios estaba en Cristo reconciliando al mundo consigo mismo, no tomando en cuenta a los hombres sus transgresiones, y nos ha encomendado a nosotros la palabra de la reconciliación."

Al perdonar, damos testimonio que tenemos la naturaleza de nuestro Padre celestial: un corazón lleno de misericordia; y esto puede llevar a muchos al arrepentimiento y al cambio. Si decimos que somos obedientes a Dios, pero no perdonamos, en realidad estamos siendo desobedientes.

Hay personas que les cuesta tanto perdonar, aún más les cuesta pedir perdón. Seamos humildes y reconozcamos cuando nos equivocamos. Todos nos equivocamos.

Efesios 4:32 (NTV):
"Por el contrario, sean amables unos con otros, sean de buen corazón, y perdónense unos a otros, tal como Dios los ha perdonado a ustedes por medio de Cristo"

Cuando comprendemos verdaderamente que la misión de Jesús fue venir a esta tierra a redimir a su pueblo a través de su sacrificio, nos damos cuenta que su vida completa la entregó por su amor a la humanidad, para perdonar nuestros pecados, darnos vida eterna y que tengamos acceso a este reino maravilloso e inconmovible. ¡Por amor nos perdonó!

Reflexiones

¿Crees que has llegado al verdadero perdón?

_____

_____

¿Crees que todavía cargas una bolsa de papas con nombres de personas que no has perdonado?

_____

_____

¿Qué cosas te impiden perdonar a esa persona que te hizo daño?

_____

_____

¿Te cuesta ver a esa persona que te dañó con ojos de misericordia? ¿Qué puedes hacer?

_____

_____

Mis notas y pensamientos:

5

INSTRUYENDO AL NIÑO

Siguiendo tus huellas/pasos

Desde el vientre de la madre

Desde el momento de la concepción, ocurre el milagro de vida en cada uno de nosotros. Cuando el espermatozoide entra al óvulo, ya es considerado por la ciencia, como el comienzo de la vida de un ser humano.

Cada vez más vemos que los científicos se interesan en saber qué pasa antes de nuestro nacimiento y hay un incremento en la investigación de esto, donde se afirma que los bebés, desde el vientre de la madre, pueden sentir y tener cierto nivel de conciencia. Estudios científicos también han demostrado que los bebés pueden oír sonidos desde el vientre de la madre. Es más, se cree que pueden distinguir la voz de la madre y que pueden aprender aun antes de nacer.

En 1996, se realizó un estudio durante el embarazo de una madre y después del nacimiento de su bebé. Encontraron que los bebitos perciben y reconocen la voz de su madre y pueden distinguirla de otras voces. A una madre se le pidió que grabara tres diferentes historias. En las últimas 6 semanas de embarazo, ella repitió 67 veces, solo una de las historias. A los tres días de nacido, el bebé fue expuesto a las tres grabaciones y reaccionó solo cuando escuchó la que fue repetida 67 veces. Demostrando que no solo el bebé reconoce la voz de mamá, sino que pudo reconocer la historia que escuchó muchas veces. Otro grupo de bebés que no escucharon las grabaciones previamente, fueron expuestos a las mismas, después de haber nacido y no tuvieron reacción a ninguna de las historias grabadas.

No solo la ciencia corrobora que comienza una vida en el vientre de una madre y que los bebés pueden percibir lo que hay a su alrededor, aún antes del nacimiento, sino que la Palabra de Dios nos habla claramente que desde allí hay algo mucho más que la vida, hay un ser humano con propósito y con un diseño específico por Dios en cada uno de nosotros. Mira lo que nos dice la Palabra de Dios.

Salmos 139:16 (RVR1960):
"Mi embrión vieron tus ojos, Y en tu libro estaban escritas todas aquellas cosas, que fueron luego formadas sin faltar una de ellas."

Escuchamos en repetidas ocasiones que es muy importante el vínculo entre madre y bebé. Y que es fundamental que la madre tenga un embarazo tranquilo, porque los bebés pueden percibir sus emociones. Hay una conexión muy especial entre madre y bebé.

Recuerdo que hace años, uno de mis pacientes vino a verme porque estaba pasando por situaciones muy difíciles. Presentaba depresión, ansiedad, baja autoestima, entre otras cosas. Lo que más me impresionó de su historia, fue que me contó que había perdido a su madre cuando tenía solo dos semanas de haber nacido, su mami murió por complicaciones después del parto.

Este joven de 28 años me contaba con tanto dolor, como si hubiera pasado ayer y todavía se podía sentir sufrimiento del proceso de duelo. Me compartió que su madre le hacía mucha falta y que sentía el profundo dolor de haberla perdido, aunque no tiene memoria de ella, por lo pequeñito que era.

Pude comprender que el vacío de una madre en nuestra niñez es muy profundo y que, puede afectar hasta nuestra vida de adulto.

La situación con este joven es que nunca tuvo a una persona que pudiera llenar esos vacíos, ya que su padre lo abandonó desde pequeño y las personas encargadas de él, que hubieran podido ofrecerle el cariño que tanto necesitaba, fueron los que lo abusaron física, psicológica y emocionalmente de él.

Gracias a Dios, me dio la oportunidad de trabajar con este joven pudo procesar en cada una de esas áreas afectadas y sanar muchas heridas.

Influencia de la infancia en nuestra personalidad

Cuando hablamos de infancia, nos estamos refiriendo a los primeros meses de vida, hasta los 24 meses o dos años de edad. Y cuando hablamos de la personalidad de un ser humano, estamos hablando de aquello que resume los patrones de conducta a la hora de interpretar la realidad, analizar sus sentimientos y hacer suyos unos hábitos y no otros.

Es decir, lo que hace que nos comportemos de un modo determinado, fácil de distinguir del de otros. Pero **la personalidad no surge de nuestra mente así por así**, como si su existencia no tuviese nada que ver con lo que nos rodea. Al contrario, la personalidad de cada uno de nosotros es una combinación de genes y experiencias aprendidas (la mayoría de ellas no en un aula de escuela o de universidad, claro). Y la infancia es, justamente, esa etapa **vital** en la que más aprendemos y en la que más importancia tiene cada uno de estos aprendizajes. Así pues, lo que experimentamos durante los primeros años deja una huella en nosotros, una huella que no necesariamente permanecerá siempre con la misma forma, pero que tendrá una importancia determinante en el desarrollo de nuestra manera de ser y de relacionarnos.

El orden de nacimiento y sus efectos

¿Te has puesto a pensar si la posición de tu nacimiento dentro de tu familia te ha influenciado en cómo eres o cómo te manejas? Muchos expertos en la materia aseguran que el orden de nacimiento ya sea el hijo mayor, el menor, hijo del medio o hijo único puede influenciar en tu personalidad, en tu comportamiento, en la manera que ves la vida, en la manera que esperas que te traten y en la manera que tratas a otros.

El psiquiatra y psicoterapeuta austriaco, Alfred Adler, fue el primero en proponer la teoría del efecto del orden de nacimiento en la personalidad del ser humano, que ya se venía estudiando desde finales de los 1800's y principio de los 1900's.

Pero ¿de qué se trata esto del orden de nacimiento? ¿Qué características podemos ver en cada una de las posiciones de nacimiento? Básicamente hay 4 posiciones generales: el hijo mayor, el hijo del medio, el hijo menor y el hijo único.

El hijo mayor

Generalmente los hijos mayores tienen toda la atención y el tiempo de los padres, pero también la inexperiencia y muchas veces temores por ser primerizos.

El hijo mayor, generalmente vemos que son los que alcanzan el éxito, son hijos que buscan aprobación, son líderes por naturaleza, terminan su carrera y según estadísticas, son los que se portan mejor. En estudios más recientes, se cree que el hijo mayor es menos abierto a nuevas ideas, son cautelosos, controladores y confiables.

El hijo del medio

Los hijos del medio son con frecuencia descritos como los pacificadores, son creativos, generalmente tienen muchas amistades y tienden a ser complacientes con otros. También poseen habilidades de negociación y esto, por supuesto, les ayuda en sus relaciones interpersonales, en su trabajo y todo el ámbito social.

El hijo menor

El hijo menor usualmente son los de espíritu libre, son amantes de la diversión, extrovertidos y centrados en sí mismos. Son en la mayoría de los casos los más mimados por los padres, por eso los tratan como los bebés, aún en su vida de adultos.

Es algo curioso ver cómo en muchos casos, el hijo menor es el que se desconecta emocionalmente de su familia, puede ser el que se muda a un país lejos de su familia y busca ser diferente. Si todos estudiaron medicina, por ejemplo, el más pequeño escoge una carrera diferente.

El hijo único

Generalmente el hijo único está rodeado de adultos en su niñez, así que desde muy pequeño se puede notar su madurez a pesar de su corta edad. Usualmente siguen las reglas, son diligentes, independientes, ingeniosos y pueden llegar a ser muy creativos. Otras características de los hijos únicos, es que son cuidadosos, escrupulosos, son perfeccionistas y líderes.

Nota: Recuerden que esto es general, siempre mencionamos que cada ser humano es único y por lo tanto cada familia es única. Aunque el orden de nacimiento puede tener influencia en áreas de nuestras vidas, no determina nuestro destino.

El orden de nacimiento tiene un profundo efecto en el desarrollo del ser humano, desde sus primeros años, aunque esto no es lo mismo en todos los casos, ya que hay otros factores que pueden afectar al niño o cambiar la dinámica del orden de nacimiento, tales como:

- Divorcio o que los padres se vuelvan a casar.

- Abuso de una sustancia o trastorno mental en alguno de los padres.

- Cantidad de hijos en la familia.

- La muerte prematura de algunos de los padres.

- Sexo de los niños, si son tres varones o tres niñas o si son gemelos, etc.

Algunos estudiosos están en desacuerdos con la teoría de que el orden de nacimiento define a las personas y explican que, aunque este puede afectar a los niños dentro de sus familias, no necesariamente afecta en su personalidad.

Aunque vemos el gran esfuerzo en muchas de estas teorías del orden de nacimiento e investigaciones en la personalidad del ser humano para poder entender lo que nos afecta o no, también es cierto que la manera que los padres lidian con cada hijo, individualmente y en conjunto tiene mucho que ver con la formación y desarrollo de su autoestima.

Una crianza por parte de los padres que no sea ecuánime entre sus hijos puede provocar celos, envidia entre hermanos. No se puede tener privilegios con unos y no ser atentos con los otros.

Ya que se piensa que la rivalidad entre hermanos está relacionada con la posición que nacieron, además de las circunstancias en la familia al momento de cada nacimiento y la manera en que los padres le presten atención a cada uno.

Es importante que los padres traten a cada hijo de manera que ellos se sientan importantes dentro de la familia, sin hacer distinción si es el primero o el más pequeño. Es fundamental y necesario que los padres se tomen tiempo con cada uno de sus hijos y le presten atención individual. Padres, nunca comparen a sus hijos con ninguno de sus hermanos y eviten hacer comentarios que favorezca a uno delante de los otros. Ya que esto provocará celos entre ellos.

La Palabra de Dios nos habla de una familia en donde el padre tenía un trato diferente con el más pequeño y esto llevó a que sus hermanos lo aborrecieran. Miren lo que dice en los siguientes versículos.

Génesis 37:3-4 (RVR1960):
"Y amaba Israel a José más que a todos sus hijos, porque lo había tenido en su vejez; y le hizo una túnica de diversos colores. Y viendo sus hermanos que su padre lo amaba más que a todos sus hermanos, le aborrecían, y no podían hablarle pacíficamente."

Génesis 37:11 (RVR1960):
"Y sus hermanos le tenían envidia, más su padre meditaba en esto."

Aquí vemos cómo el padre trataba a José diferente a sus hermanos y esto provocó tanta envidia en ellos, que los llevó a vender a su propio hermano como esclavo, ¡qué terrible!

La Palabra de Dios también nos dice que la envidia es la carcoma de los huesos.

Los niños desde muy pequeñitos pueden sentir celos por alguno de los hermanos, especialmente los mayores, cuando se le da más atención a los más pequeños de la familia. Así que padres, tengan cuidado con esto.

Los padres tienen una gran influencia en la formación de sus hijos y los primeros años son fundamentales, lo que ellos observen y adapten en sus propias vidas puede afectarlos en su adolescencia y en su vida de adultos.

Los niños son el reflejo de su hogar, así que todo comportamiento que ellos vean en sus hogares lo imitarán. Los padres vamos pasando esos temores, celos, ansiedad, envidia, manera de hablar y comportarnos y, muchas veces, sin darnos cuenta le hacemos daño. Por ejemplo, una madre que se la pasa criticando todo, enseñará a su hija a criticar y a quejarse.

Un padre que no es puntual y que miente para dar excusas de su retraso, enseñará a su hijo a mentir y a no tomar responsabilidad de sus actos.

Educando al niño

La educación de los niños empieza muy temprano y como mencionamos previamente, antes del nacimiento el bebé ya está recibiendo información y estimulación, tales como sonidos y emociones de la madre.

Por eso es importante que la mamá tenga, durante el tiempo de su embarazo, un ambiente tranquilo donde se le dé mucho amor y apoyo. Las madres en este tiempo son muy sensibles ya que hay muchos cambios hormonales, físicos y psicológicos, especialmente las primerizas, además de ansiedad y cambios en sus emociones.

El ambiente en el hogar es muy importante para la estabilidad y seguridad emocional del niño. Si el niño vive en un ambiente en donde los padres se pasan discutiendo, no se ponen de acuerdo o donde hay estrés constante, ellos aprenderán esto. Lo más probable es que serán niños inseguros, inestables emocionalmente y con baja autoestima.

Los niños necesitan estructura, disciplina, constancia y por supuesto, un modelo a seguir. Los padres en los primeros años de vida de los niños son parte fundamental en su desarrollo emocional, social, físico y mental. Los padres enseñan a sus hijos primeramente a través de su propio comportamiento.

Una acción dice más que lo que dicen los padres con sus palabras, los hijos están observando su manera de manejarse en las situaciones diarias. Hay veces que creemos que porque son pequeñitos no se dan cuenta, pero en realidad no es así, ellos imitan lo que ven en casa. Así que padres, cuiden mucho cómo hablan y lo que hablan delante de sus pequeñitos.

La Palabra de Dios dice que instruyamos al niño en su camino y cuando fuere viejo no se apartara de él (**Proverbios 22:6**). Es sumamente importante que los padres no esperen a que los niños crezcan para instruirlos, muchas veces los padres buscan ayuda psicológica cuando el niño se les sale de la mano, no los pueden disciplinar y los padres están frustrados. Y esto es generalmente en la pubertad y la adolescencia, cuando deciden buscar ayuda.

Pero ¿qué significa instruir?

Instruir significa comunicarle o advertirle al niño, las ideas, información o habilidades que él no conoce y enseñarle a cómo poner en práctica lo aprendido.

Claro, esto tiene que ser de acuerdo con la edad del niño. Es importante hacerlo de una manera sencilla, cuando son pequeñitos y asegurarnos que comprende lo que le estamos pidiendo o enseñando.

También es importante saber que los niños aprenden mucho a través del juego. Es una herramienta muy importante para el aprendizaje, por eso es importante que usted se tome tiempo para jugar con sus hijos.

Como ya vimos en el capítulo de la comunicación, nosotros comunicamos más a través de la expresión no verbal, o sea con acciones, gestos, tono de voz, etc., que con lo que decimos. Cada comportamiento que presentemos delante de nuestros hijos, ya sea en nuestro hogar o fuera de él, enseña o instruye a nuestros hijos. En realidad, estamos enseñándoles en todo momento, aunque no sea nuestra intención todo el tiempo.

La responsabilidad de la instrucción de los padres no es solamente en los modales, comportamiento o relaciones interpersonales, sino también la parte de la moral y valores.

Por eso es importante que los padres no mientan delante de los niños, que no griten, no digan palabras obscenas y que cuiden en todo momento lo que van a hablar cuando los niños están presentes. Aun cuando creen que ellos no los están escuchando, porque están entretenidos con sus juguetes, aunque no lo crean, ellos están absorbiendo todo lo que está pasando.

Jamás discutan delante de los niños, esto puede provocar mucho estrés en sus hijos, además que aprenden a resolver todo con gritería, violencia o con peleas.

Para nosotros, los padres, es un reto el criar a nuestros hijos, sabemos que no es bueno ser muy complacientes o extremadamente estrictos, pero comencemos con la primera pregunta o la pregunta básica: ¿cómo puedo criar a mis hijos?

Existen muchos conceptos o ideas sobre cómo criar a los niños. Algunos padres usan las maneras que sus padres usaron con ellos, otros hacen todo lo contrario de cómo fueron criados, porque piensan que lo que hicieron sus padres no funcionó o no fue la manera más efectiva.

Otros buscan consejos de sus amigos o de los vecinos. Algunos leen libros sobre cómo ser buenos padres o buscan en el internet información. Sin embargo, los psicólogos y otros científicos sociales han clasificado e identificado las prácticas de crianza que son más eficaces y que tienen mejores resultados para los niños.

Hemos atendido a muchos padres en nuestra consulta, que están teniendo serios problemas de conducta con sus hijos, no saben qué hacer, ¡están fuera de control!

Pero resulta y acontece que estas estrategias de crianza no comienzan en la adolescencia o preadolescencia, esto comienza desde que el niño es pequeñito.

La disciplina y el estilo de crianza

La disciplina es algo primordial en la crianza de nuestros hijos. Es necesario que los padres estén de acuerdo en cómo van a criar a sus hijos y si es posible, deben tener esta conversación antes de que los niños nazcan, mucho mejor.

Si los padres están divorciados, es importante tener presente que no se están divorciando de sus hijos. Que aunque tengan discrepancias en su relación como pareja, es sumamente crucial que pongan sus diferencias a un lado, para concentrarse en los más vulnerables en la familia, que son los más chiquitines.

Ellos no entienden sus diferencias o las complicaciones que tenemos los adultos. Siempre les digo a los padres que atiendo, que traten de estar en la misma página. Que el niño tenga las mismas reglas, límites, horarios en los dos hogares. Entre más comunicación y entre más se pongan de acuerdo, mejor será para la estabilidad emocional de los niños.

¿Qué son los estilos de crianza?

La psicología ha llegado a la conclusión que nuestros rasgos de personalidad son influenciados grandemente por dos áreas, la genética y el medio ambiente. Siendo casi igual en el aporte de cómo nos manejamos, la genética con un 49% y el medio ambiente, 51%. Los estilos de crianza determinan mayormente el medio ambiente donde crecemos y nos desarrollamos desde nuestro nacimiento.

Cuando hablamos de estilos de crianza, nos referimos básicamente a las maneras o estrategias que los padres utilizan en la formación del niño. Son patrones de conducta de los padres y como ellos responden a las demandas, necesidades o comportamiento de sus hijos.

El estilo de crianza puede afectar al niño de manera positiva o negativa, aun en su vida de adulto. Por eso es necesario que los padres tomen nota y puedan aprender la manera efectiva de criar a sus hijos, recuerden que ustedes son su primera escuela.

A continuación, te presento los estilos de crianza en la educación de los hijos, desarrollada en 1967, primordialmente por la Dra. Diana Baunrind, PhD, psicóloga clínica y del desarrollo del ser humano, el cual fue luego expandido por Maccoby y Martin en 1893.

Básicamente hay cuatro estilos de crianza

El padre permisivo (tolerador).

El padre despreocupado (negligente).

El padre autoritario (demandante).

El padre autoritativo (entrenador).

El padre permisivo (tolerador)

• Demanda poco de los hijos: No les da responsabilidad a los hijos, los niños no tienen reglas establecidas, hora de entrada o de salida, etc.

• Responde a todo con un sí: Este tipo de padre no le enseña al niño responsabilidad y tampoco que los privilegios hay que ganárselos. Por lo tanto, el niño crece creyendo que todo lo que el pida se le dará.

• Evita confrontación: Este padre teme a la confrontación para que el niño no se enoje.

• Tolera demasiado; no tiene control.

El padre despreocupado (negligente)

- No responde, pero tampoco demanda.
- Hay negligencia en este tipo de padres; no supervisan.
- Quita importancia a todo, minimizan.

El padre autoritario (demandante)

- Demanda y no responde a las necesidades.
- Espera que sus órdenes sean obedecidas sin explicación.
- Teme perder el control.

El padre autoritativo (entrenador)

- Demanda, pero también responde a las necesidades de los hijos.
- Motiva a los hijos a ser independientes.
- Dialoga abiertamente y explica los motivos del castigo.

Pero ¿cuál es el estilo de crianza más eficaz?

La Dra. Baumrind realizó estos estudios en los años 1967, 1971 y 1978. El motivo principal era saber los efectos de cada estilo en la parte emocional e intelectual en los niños. Lo que se encontró fue lo siguiente:

Permisivo (tolerador) = Notas bajas, indisciplinados, impulsivos y se frustran fácilmente.

Despreocupado (negligente) = Baja autoestima, malhumorados, impulsivos y agresivos.

Autoritario (demandante) = Bajo rendimiento académico, baja autoestima e interacciones sociales pobres.

Autoritativo (entrenador) = Niños van mejor en la escuela, responsables, amigables y cooperativos.

De acuerdo con estudios hechos en un periodo de más de 10 años, el estilo de crianza **autoritativo** o el entrenador, ha sido el que ha dado buenos resultados en los niños y adolescentes. Estudios demuestran que los niños criados bajo este estilo son niños que van mejor en la escuela, son responsables, desarrollan relaciones saludables, son amigables y cooperativos.

La importancia de la estructura y rutina en el hogar

Los niños necesitan tener una rutina desde que son muy pequeñitos. Los horarios establecidos y manejados consistentemente por los padres son muy importantes para ellos, ya que los hace sentir confiados, además que les hace saber que se puede esperar después de cierta actividad. Por ejemplo, en la rutina antes de dormir, el niño aprende que hay que lavarse los dientes, luego el baño, ponerse el pijama, leer una historia y orar con papi o mami. El hacerlo todas las noches, comenzando alrededor de la misma hora, les da seguridad y estructura, algo necesario que les ayudará toda su vida.

Entre más pequeñito es el niño cuando se comienza a tener esta rutina, mucho mejor, porque así no tendrá que correr detrás de ellos para bañarlos cada noche. Los niños pequeños no entienden de horas o minutos, pero sí responden bien a la rutina y estructura, además que lo necesitan. Es importante que los padres sean constantes, hacerlo todos los días de la misma manera y dentro del mismo horario. Por supuesto, que cuando vayan creciendo, este horario irá cambiando de acuerdo con su edad, pero mientras estén pequeños, los padres deben enseñarles y ser firmes en su rutina, ya que esto es muy importante para el niño.

El repetir cada día su rutina desde la mañana hasta la noche, les da seguridad, confianza y le está ayudando a crear buenos hábitos, que les durará toda la vida.

También es importante explicarle de los cambios, cuando se van de vacaciones, a casa de los abuelos o los fines de semana y ser un poquito más flexibles con ellos en los momentos.

Entender el mal comportamiento del niño pequeño

Cuando los niños se portan mal, generalmente los padres quieren eliminar el mal comportamiento inmediatamente, pero es mucho más importante y productivo que traten de ver cuál es la raíz del problema.

Los niños no tienen la capacidad de explicar verbalmente sus frustraciones o miedos y lo hacen a través del comportamiento. Es importante que, en vez de concentrarse en eliminar el mal comportamiento, se enfoquen en vez que está causando ese malestar y los ayuden a expresar de manera asertiva lo que les molesta. Es un aprendizaje que toma tiempo, paciencia y amor.

Comprender cómo piensa un niño y conocer sus necesidades básicas, es el primer paso para que los padres puedan tomar acción y comenzar a manejarlos de una manera asertiva.

¿Cuáles son los motivos del mal comportamiento del niño pequeño? Si entendemos esta parte, nos ahorraremos muchos dolores de cabeza y frustraciones.

Uno de los motivos principales por el cual un niño se porta mal es la búsqueda de atención.

Hay niños que demandan más atención a sus padres que otros, pero ellos necesitan que se les preste atención.

Otro de los motivos por el cual los niños se portan mal son los celos. Cuando llega un nuevo bebé a la familia, por ejemplo, el niño puede sentir que perdió de la atención sus padres hacia él, por lo que pueden presentar conductas de celos y de competencia por atraer la atención de los padres a cualquier precio.

Y si de manera regular no la obtienen, la buscarán portándose mal. Es decir, un niño preferirá que se le llame la atención por hacer algo malo, o preferirá que se le regañe o incluso que se le grite a que se le ignore o no se le tenga en cuenta.

Por eso es importante que los padres les presten atención a sus hijos cuando se portan bien, así los niños no tendrán que buscar maneras equivocadas de llamarles la atención. Y si aún prestando atención a sus buenas conductas, tuvieran comportamientos negativos, habría que buscar cuál es el motivo; generalmente hay algo detrás de este comportamiento.

A continuación te presento las razones más frecuentes para el mal comportamiento de un niño:

-Los niños también pueden portarse mal cuando se sienten frustrados. Cuando los niños no consiguen lo que quieren se sienten mal y su frustración los lleva a tener arrebatos de mal genio y/o rabietas.

Es importante que los padres comprendan que si a su hijo pequeño le cuesta comunicar lo que siente, lo hará saber a través de su comportamiento.

-Los niños pequeños también pueden temer separarse de sus padres. La ansiedad por la separación es un motivo primordial que hace que se resistan a la hora de entrar en la guardería o que lleguen a despertarse llorando durante la noche.

-Otra causa de mal comportamiento del niño, es **si tiene algún malestar físico, enfermedad, dolor o fiebre.**

-También el cambio en las rutinas diarias puede afectar su comportamiento, como los viajes, ir a la cama pasada su hora de dormir, mudanzas, disputas familiares, etc. Por eso es importante que los padres expliquen con anticipación, cuando haya una visita al doctor, por ejemplo, para que ellos puedan comprender que habrán cambios. Todo esto dependiendo de la edad del niño. Hay niños que se adaptan a los cambios más fácilmente que otros. Recuerda que cada hijo es diferente y no debes asumir que todos son iguales.

-En ocasiones los niños se portan mal simplemente porque son niños, es decir, son personitas que tienen ciertas características como el egocentrismo, piensan en ellos, son impacientes, quieren las cosas para el momento y no miden las consecuencias de los peligros, por eso necesitan supervisión constante.

No podemos pedir a un niño que se comporte como un adulto o que esté quieto todo el día. Recuerda que la exploración es parte fundamental del desarrollo de un niño.

-A veces los niños se portan mal porque sus padres son poco hábiles en controlar su conducta. Especialmente los padres negligentes, que dejan que el niño haga lo que quiera, para no escuchar los llantos o evitar una pataleta.

La disciplina de acuerdo a la edad

Si bien sabemos que la disciplina es una parte fundamental y necesaria en la crianza de los niños, también es esencial conocer que ésta tiene que ir de acuerdo con la edad y comprensión del niño.

Una de las cosas en la cual la disciplina ayuda al niño, es a prepararlo para que en el futuro pueda ajustarse a las reglas de la sociedad.

Lo que es adecuado para un niño de preescolar, no trabajará con un adolescente o preadolescente. Tal vez tú me dirás, "pero doctora, esto es lógico". Así de lógico como parece, lamentablemente muchos padres están corrigiendo o imponiendo reglas muy inflexibles a niños muy pequeños.

Lo primero que tenemos que entender es que los niños no son adultos, aunque algunas veces se expresen como adultos. La mayoría de las veces ellos solo imitan lo que ven a su alrededor y se comportan o hacen gesto que ven de los padres o cuidadores.

Dice la Palabra en **1 Corintios 13:11 (RVR1960)**:
"Cuando yo era niño, hablaba como niño, pensaba como niño, razonaba como niño; más cuando ya fui hombre, dejé lo que era de niño."

Esto quiere decir que los niños tienen una manera de hablar, pensar y razonar. Los niños no son adultos, aunque hay veces que como hacen o dicen cosas que parece que razonaran como adultos, no son adultos y piensan muy diferente.

Algunos consejos a seguir a la hora de disciplinar

· **A los más pequeñitos, hay que enseñarles con el ejemplo, haciéndolo tú primero,** no solo se lo digas, sino que muéstrale paso por paso: esta es la regla para los infantes menores de año y medio. Los infantes necesitan ser guiados, usar frases de dos palabras máximo.

· **Mantén tu plan de disciplina simple cuando tu niño cumpla los llamados "terribles 2."** Los niños a esta edad quieren imitar todo lo que ven, pero ellos todavía están desarrollándose físicamente, se tropiezan mucho, y no entienden las consecuencias de sus acciones.

Ellos ya entienden qué significa "NO", así que con que lo digas firme (sin gritos) sería suficiente. A esta edad, el castigo debe consistir en pequeños "tiempo-fuera" constantemente monitoreados. Este tiempo fuera va de acuerdo con la edad, se sugiere un minuto por año, si tiene dos años, dos minutos, si tiene 5 años, serían 5 minutos.

· Si tu niño pequeño trata de ponerse cosas en la boca, el explicarles que está mal, **tendrá poco efecto, pues no tienen el concepto de lo que es malo y no entienden el peligro.** En vez de eso, toma el objeto y reemplázalo con otra cosa y trata de desenfocar su atención en el objeto. Así de sencillo es muchas veces la acción a tomar con los más pequeños.

· **Sé consistente con la disciplina de tu niño.** A los niños entre 5 y 11 les gusta poner a prueba sus límites y si tú bajas la guardia, ellos tomarán ventaja de la situación. Si tú corriges a tu hijo por una cosa, y al día siguiente no le dices nada por lo mismo, no estás siendo consistente.

· **Delega responsabilidades a medida que tus hijos pasan por la adolescencia.** Pon la carga de sus comportamientos en ellos, haciéndole pagar las consecuencias de sus actos. Por ejemplo, si se le olvida la tarea, déjenlos que enfrente a la maestra. Muchas veces los padres justifican a sus hijos cuando no cumplen con sus responsabilidades, esto no los ayuda y aprenderán a justificarse cuando no cumplen con sus deberes.

Consejos finales

· Trata a tu hijo con respeto, aun desde pequeñito. Hay veces que queremos respeto, pero no los respetamos. Evita humillarlo delante de sus amigos. Evita las críticas excesivas, los comentarios humillantes, o el burlarse de tu niño, especialmente delante de sus amigos.

· Evita llamarle nombres a tu niño que lo clasifiquen de manera negativa (holgazán, egoísta, descuidado, distraído, etc.) Recuerda que en la lengua tenemos el poder de la vida y de la muerte.

· Ten consistencia en la disciplina. No seas permisivo en un momento y súper estricto en otro. Asegúrate de que todos sigan las reglas, incluyéndote a ti mismo.

· Has promesas solo cuando estás seguro de poder cumplirlas.

· Como padres, consúltense el uno al otro y mantengan una sola posición en la disciplina. Los padres deben estar de acuerdo y no discutir las decisiones delante de sus niños.

· Anima a tu hijo, ayúdalo a fomentar su confianza en sí mismo. Dile frases afirmativas, pero sin mentir. Como, por ejemplo: "yo sé que lo puedes lograr", "has trabajado muy duro en eso". Realza los pequeños triunfos de tu niño para aumentar su confianza en sí mismo.

· **Evita las críticas.**
Nunca compares a un niño con otro.

· **Expresa tu amor.**
Dile un "te amo". Dale besos, abrazos, apapáchalo, pero no dejes de disciplinarlos. Dios te dio la autoridad y la responsabilidad de formar a tus hijos.

· En lo posible, inscribe a tus hijos en actividades extracurriculares, tales como deportes, música, o alguna actividad que tu hijo disfrute. Los muchachos que participan en este tipo de actividades tienden a salir mejor en la escuela y a buscar amistades saludables.

· Mantente involucrado en la vida de tus hijos, no solo en lo familiar y de amistades, sino también en la escuela y su vida personal. Pregúntale acerca de sus sueños y metas.

· **¡Orar es el arma más poderosa!**
Enseña a tus niños desde pequeños a orar. A dar gracias cada mañana por un nuevo día, a bendecir los alimentos y a dar gracias cada noche por el día y por la familia. Pero recuerda que lo más importante es que ellos puedan ver en ustedes, padres, un ejemplo de personas llenas de fe y confianza en Dios.

· Un niño agradecido puede ser entrenado desde pequeñito, pero sobre todo que tú seas el ejemplo en todo momento de un corazón agradecido.

Proverbios 13:24 (RVR1960):
"El que detiene el castigo, a su hijo aborrece;
mas el que lo ama, desde temprano lo corrige."

La educación de los hijos es una tarea ardua y agotadora, pero vale la pena y definitivamente veremos los frutos en el futuro, pero es importante que cada lección o corrección esté llena de amor. La Biblia nos enseña que nuestros hijos son herencia y bendición del Señor. Como padres tenemos el deber de enseñar a nuestros hijos la Palabra de Dios, encaminarlos en el sendero de la verdad y sobre todo, debemos dar el ejemplo para ellos. ¡Recordemos que la educación comienza en nuestro hogar!

Para reflexionar:

¿Con cuál tipo de crianza me identifico como padre?

_____

_____

¿Estoy siendo respetuoso con mis hijos?

_____

_____

¿Tenemos un horario que respetamos?

_____

_____

¿Estamos siguiendo una rutina con nuestros niños?

_____

_____

¿Qué puedo hacer para mejorar en la instrucción que les estoy dando a mis niños?

_____

_____

¿Estoy instruyendo a mis niños en la Palabra de Dios?

_____

_____

¿Aplico la Palabra en mi propia vida y estoy siendo de ejemplo para mis hijos?

_____

_____

Mis notas y pensamientos:

_____

_____

_____

_____

_____

_____

6

COMPRENDIENDO A TU ADOLESCENTE

¿Quién soy?

Si eres padre y tienes uno o más adolescentes en tu casa, me imagino que debes estar haciéndote algunas de estas preguntas: "¿Qué pasó con mi niño que me obedecía y ahora no quiere ni escucharme? ¿Por qué piensa tan diferente a todo lo que me decía? ¿Por qué de la noche a la mañana ya no quiere hablar conmigo?" Pareciera que ese niño te lo cambiaron por otro; que esa niña que se dejaba guiar, ahora está a la defensiva y tiene un argumento para todo, ahora quiere libertad, se resiste a la autoridad, cree saberlo todo y ya no obedece a tus peticiones.

Quiero decirte que no estás solo, tu situación es la misma de la mayoría de los padres con hijos adolescentes; así que no te preocupes, porque es lo mismo que pasan otros padres en este periodo tan complicado.

La etapa de la adolescencia, se puede decir que es la etapa más compleja de nuestra vida, ya que hay muchos cambios al mismo tiempo, pero es solo un periodo de transformación que hay que aprender a sobrellevar con paciencia.

Antes de continuar, quisiera que por un momentito, te detuvieras a pensar en tu propio periodo de la adolescencia. ¿Recuerdas las confusiones, luchas, dudas, inseguridades, momentos de desacuerdo con tus padres o cuando pedías más libertad para salir, o quedarte un poco más tarde con tus amigos?

Parece que se nos olvida esa etapa de nuestras propias vidas al momento que tenemos que lidiar con nuestros hijos adolescentes.

La adolescencia es un periodo en donde hay una transición de la niñez a la adultez. Ya no son los niños que admiraban a sus padres, que respetaban sus decisiones y que decían que cuando ellos fueran grandes, querían ser como papá o mamá.

Pero tampoco son los adultos que puedan tomar sus propias decisiones en la vida, ni valerse por sí solos o vivir independientemente. Aunque algunos lo han tenido que hacer porque no han tenido otra opción, generalmente no es lo que sucede a la mayoría de los adolescentes.

A los adolescentes no les gusta que los traten como niños, por eso viven quejándose de que papá o mamá les hablan como si ellos fueran pequeñitos y tienen grandes luchas con esto.

Pero ellos tampoco quieren las responsabilidades que conlleva la vida de un adulto, además que no están suficientemente maduros para hacerlo, en la mayoría de los casos, estamos hablando en el comienzo de esta etapa, ya que, en los últimos años de la adolescencia, muchos ya están independizándose.

La etapa de la adolescencia es un periodo donde muchos padres se sienten frustrados por los cambios en la manera de comportarse de sus hijos, y la frase más común de los padres es: "no lo entiendo". Los adolescentes pasan por muchísimos cambios en un periodo relativamente corto, más o menos cinco a seis años.

Muchos de estos cambios drásticos pueden ser más frustrantes para unos más que para otros y va a depender de varios factores, tales como su personalidad, su manera de ver el mundo, su situación actual y sus experiencias personales y la madurez.

Por ejemplo, un jovencito de 17 años que tiene hermanos menores, que han perdido a sus padres y que tiene que hacerse cargo de sus hermanitos. Este jovencito madurará mucho más rápido, porque ha tenido que enfrentar la vida de una manera diferente, ha tenido que tomar roles y responsabilidades, que generalmente no enfrentan los adolescentes.

Varios de los cambios físicos afectan su autoestima, como por ejemplo, la aparición del acné, el ser muy alto o muy bajito, tener mucho o poco peso. Pero el proceso de este cambio físico en realidad comienza en la pubertad, que para algunos es una edad bien temprana. Hay niñas que tienen su primera menstruación a la edad de 9 años y con esto, vienen los cambios en su cuerpo, aunque para la mayoría de las niñas ven los cambios físicos, antes de su primera menstruación, llamada menarquia.

Por lo general, la pregunta principal de un adolescente es "¿quién soy?" La identidad es el punto clave en este periodo, el sentido de pertenencia es fundamental en esta etapa. Ellos se hacen muchas preguntas y necesitan sentirse que son parte de algo, por eso buscan la aprobación de amigos.

Sus amigos se convierten en personas muy importantes en donde cada opinión cuenta y les afecta ya sea positiva o negativamente. Si no sienten que son parte de su familia, que sus opiniones valen y sus emociones también, entonces buscarán este sentido de pertenencia en otro lugar y muchas veces en lugares o con personas equivocadas.

Es una etapa de exploración, en donde la manera de pensar está cambiando y al mismo tiempo su cerebro está en desarrollo. Ya se dan cuenta que mamá y papá se pueden equivocar, porque su manera de analizar las cosas va cambiando.

Aunque no tienen la capacidad analítica de un adulto, pueden razonar muy bien y llegan a pensar que lo saben todo.

Los adolescentes, en este periodo de la vida, están todavía en desarrollo en varias áreas, la física, fisiológica, intelectual, sexual, psicológica y social.

En el área física, el adolescente está en un tiempo en donde su cuerpo se desarrolla rápidamente, crecen a una velocidad rápida, aunque para otros puede tomar más tiempo.

El crecimiento es tan rápido, para algunos, que muchas veces es difícil adaptarse y tropiezan con sus extremidades, brazos o piernas porque no están acostumbrados a sus nuevas medidas. En el área fisiológica, usualmente para la adolescencia media, han alcanzado su estatura de adulto y ya sus órganos reproductores están listos para procrear.

Aunque intelectualmente ellos están en vía de desarrollo, ya comienzan a ver la vida de diferente manera, empiezan a ser más analíticos y ver otras perspectivas adicionales o diferentes a las que papá y mamá describen. Comienzan a ver los errores de sus padres y que no siempre están correctos, eso totalmente diferente a como antes pensaban cuando eran niños.

Cabe recalcar que cada ser humano es diferente y que cada adolescente tiene su propio proceso de transformación y cambio.

Hay algunos que se desarrollan más rápidamente, que sus cuerpos son como de un adulto a una temprana edad, pero sus mentes son todavía como la de un niño; y otros que físicamente no se desarrollan tan rápido, pero que son muy maduros en su forma de pensar y actuar.

Ellos van buscando su propia independencia e individualidad, tienen muchos temores, tienen también incógnitas acerca de ellos mismos y de la vida futura. Es normal que cuestionen a sus padres y se comparen con ellos, evalúan lo parecido o lo diferente que son.

Por esta razón es que están en búsqueda de identidad y es que los muchachos se envuelven en grupos, ya sea en la escuela, en pandillas, en la iglesia y/o en clubes sociales. Ellos buscan ser aceptados, ser parte de un grupo donde se pueden sentir cómodos, identificados o que puedan encajar.

Unas de las áreas más impactadas durante la adolescencia es en su autoestima. Los adolescentes son vulnerables y son afectados por críticas, comentarios de sus padres, de sus amigos, maestros, familiares o personas de influencia en sus vidas.

En la etapa de la adolescencia, la mayoría de los jóvenes experimentan una separación emocional de sus padres y el sentimiento de vacío hace que busquen compañía a través de sus amigos o compañeros en la escuela.

El adolescente se enfrenta a muchos desafíos, retos en querer encajar y ser aprobado por sus amigos, llevándolos así a hacer cosas tal vez fuera de todo lo que aprendieron en su hogar, para ser aceptados por sus compañeros.

En esta etapa, el ser "parte de" es fundamental para ellos, por eso se involucran muchas veces, en comportamientos de alto riesgo, para ser aceptados por sus amigos. También vemos que comienzan a vestirse diferente, se quieren pintar el pelo de colores extravagantes, en fin, ellos toman ciertas influencias de grupos y las aplican para ser como los compañeros o pertenecer a esos grupos. Recuerden, padres, que esta etapa es pasajera y que, así como ellos, nosotros tuvimos nuestros tiempos de confusión, inseguridad y de querer ser aceptados por nuestros amigos.

La importancia de los amigos

Padres, recuerden que para el adolescente sus amigos son muy importantes y la opinión y aceptación de ellos les importa muchísimo. Cuando nuestros hijos llegan a la adolescencia, parece que los padres pasamos a un segundo plano, sus amigos se convierten en prioridad y la opinión de ellos es más importante que la de sus propios padres.

Como mencionamos anteriormente, los adolescentes necesitan tener un sentido de pertenencia y quieren agradar a sus amigos, los cuales se convierten en personas muy importantes en sus vidas y por eso muchas veces ceden a las peticiones de esos supuestos amigos.

Otras veces, se sienten bajo presión y acceden al uso de drogas o son influenciados hasta para tener relaciones sexuales, ya que se quieren sentir igual que los otros, pues el experimentar en el área sexual es "cool" para estar en la misma onda que los otros. Por supuesto que esto no es la regla general, hay jóvenes que maduran más rápido que otros, tienen convicciones desde muy pequeños y fundamentos que están muy arraigados y que no les influencia tanto la opinión de los demás.

Desarrollo órganos sexuales

En la etapa de la preadolescencia, comienzan muchos cambios en nuestros hijos y uno de esos cambios es el cambio hormonal. En esta fase de desarrollo, sus hormonas juegan un papel fundamental en su crecimiento.

Sabemos que para las niñas se va definiendo y desarrollando sus partes genitales que también ocurre en los varones. Pero a diferencia de las niñas, los varones comienzan a tener su primera eyaculación y lo que llamamos "sueños mojados" o "wet dreams" como se le conoce en inglés, también llamado emisiones nocturnas, por los médicos. Así como para las niñas, el sangramiento en su primer periodo menstrual es la evidencia en su desarrollo, así para los niños, la eyaculación es la evidencia física.

Hay jovencitos que se sienten culpables por tener estos sueños mojados, pero una vez el cuerpo del adolescente va produciendo la hormona masculina testosterona, la cual produce semen en sus testículos, el cuerpo la puede expulsar por medio de estos "sueños mojados". Los niños no necesariamente se tienen que masturbar para tener una emisión nocturna, esto puede ocurrir involuntariamente mientras duerme.

Fábula personal

Durante la etapa de la adolescencia, los jóvenes comienzan a estar muy centrados en sí mismos, el egocentrismo es parte básica de esta etapa, donde los muchachos comienzan a pensar que sus experiencias son únicas y que nadie los puede comprender.

La "fábula personal" es precisamente parte de este egocentrismo, en el cual la persona se ve como si estuviera en un escenario, donde mucha gente lo mira y crean una audiencia imaginaria, aunque al mismo tiempo se pueden sentir muy solos.

También en este período, se ven como invencibles y creen que nada les puede pasar, por eso vemos que en esta etapa muchos jóvenes se involucran en actividades de alto riesgo, como las drogas, el juego de la ruleta rusa o carreras de carros, donde muchos han perdido la vida. Se estima que esta creencia de la "fábula personal" pueda disminuir a la edad de 16 años, más o menos, aunque todo dependerá de la madurez del muchacho, sus experiencias y relaciones con otros jóvenes y adultos.

Lo que los padres deben saber de sus preadolescentes y adolescentes

Hay comportamientos de riesgo que los adolescentes y preadolescentes adoptan, que muchas veces los padres no tienen ni la menor idea, especialmente en este país donde se trabaja mucho para poder mantener el estatus financiero de la familia.

Según el Departamento de Salud y Servicios Humanos, las más serias amenazas en contra de la salud y la seguridad de los adolescentes no son las enfermedades, sino las conductas de riesgo que practican nuestros hijos, tales como: la violencia, el portar armas, abuso de sustancias, comportamientos sexuales, entre otros. Vamos a ver algunos de estos actos que quizás muchos de ustedes, padres, desconocen. Esta información no es para que se vuelvan paranoicos y se vuelvan hipervigilantes, sino para que estén pendientes de sus adolescentes y que puedan conversar con ellos abiertamente.

Caso real

En enero de 2009 se imputaron cargos de pornografía infantil a seis adolescentes en Greensburg, Pensilvania, después que tres chicas pasaron fotos con contenido sexual a tres compañeros masculinos de su clase.

En la Florida, un chico de 19 años permanecerá inscrito en el registro de delincuentes sexuales del Estado hasta que tenga 43, por haber reenviado una foto de su exnovia desnuda a varias decenas de personas.

Es importante que los padres monitoreen lo que entra y sale de los teléfonos de sus hijos. Hay aplicaciones disponibles que usted puede adquirir y emplear para estar pendiente de los mensajes que envían y reciben sus hijos, tales como **"Net Nanny" "SecureTeen"** o **"TeenSafe"**, entre otras.

Sexo en la adolescencia

Aunque es difícil de aceptar o de hablar de la sexualidad en la adolescencia, muchos de nuestros jóvenes tienen una vida sexual activa. Según la encuesta más reciente en el 2015, reportada por el Centro de Control de Enfermedades de Estados Unidos, un 41% de todos los estudiantes de secundaria, han tenido relaciones sexuales y 62% de los que cursan el último año de secundaria han tenido relaciones sexuales.

La buena noticia, es que desde 1991 a la encuesta más reciente en el 2015, la proporción de adolescentes en la secundaria que han tenido relaciones sexuales bajó de 54% a un 41%.

Los muchachos están teniendo relaciones sexuales aun dentro de las escuelas, en los baños, en los teatros de las escuelas, los clósets y otros lugares, como sus propios hogares. Aunque la mayoría reporta tener un encuentro sexual en las citas.

Una vez, hace muchos años, tuve en consulta a una jovencita de 15 años que vivía con su madre, quien era extremadamente protectora. Esta jovencita nunca había salido sola con sus amigas, ella jamás había ido a las tiendas o al mall con sus amigas. La madre llevaba a la joven a la escuela en la mañana, luego en la tarde la recogía y la llevaba de vuelta a casa y la madre regresaba a su trabajo y por supuesto, tenía prohibido entrar a alguien a la casa.

Un día la madre tuvo que regresar a casa por algo que había olvidado, después de dejar a su hija al finalizar la escuela. Para sorpresa de la madre, encontró a su hija, que ella creía virgen, teniendo sexo con un muchachito a quien la madre no conocía. Esto fue un golpe muy grande para esa madre, que vino desesperada a la consulta con su hija y decía que sentía mucho dolor y culpabilidad, pues ella cuidaba tanto a su hija y la había protegido en todo momento, que jamás se imaginó que su hija haría algo así.

Como le digo a muchos padres, lo más importante no es cuánto vigiles a tu hijo o hija, es que le enseñes a ser responsable, a que le digas que cada acción tiene una consecuencia, a que le hables claro de todo tipo de tema y que ellos te puedan consultar cualquier duda o inquietud que tengan. Es importante darles confianza y libertad, en la medida que ellos van mostrando responsabilidad.

Recuerda que no estaremos con ellos 24/7 y que al final ellos tomarán sus propias decisiones en la vida.

He trabajado con adolescentes por muchos años y he tenido la oportunidad de escucharlos y aprender de ellos y mucha de esta información ellos mismos me las han proporcionado. Para muchos adolescentes, es normal saber que sus compañeros se involucran con otros en encuentros sexuales, aunque no lo conversen con sus padres.

El juego de la asfixia

Es un "juego" peligroso entre dos o más personas. Consiste en que un compañero pone sus manos en el cuello de la otra persona y aprieta hasta inducir el desmayo (al quedar restringido el oxígeno que va al cerebro). Según el Centro de Control y Prevención de Enfermedades de Estados Unidos, un 11% de jóvenes entre 12 y 18 años; y un 19% de jóvenes entre 17 y 18 años lo han practicado alguna vez.

Escaparse de la escuela

He visto padres que se quedan esperando que sus hijos entren a la escuela, cuando los dejan en la mañana, pero la verdad es que muchos se salen por la otra puerta. Los padres tienen que estar atentos a la asistencia a través del reporte de las notas o los grados. Mantener comunicación con los maestros, es necesario y fundamental, aunque los hijos ya estén grandes, recuerden, padres, que ustedes son los responsables y tendrán que responder por las ausencias de sus hijos.

Los hijos de padres que están más involucrados en las escuelas, generalmente se meten en menos problemas, así que si ustedes pueden ser miembros de las organizaciones para padres dentro de la escuela de sus hijos, esto será de mucho beneficio para ustedes y para sus hijos.

Drogas dentro y fuera de la escuela

Las estadísticas en el uso de droga en los adolescentes son impresionantes, veamos algunas. Se estima que, en el 2015, un 21.3% de estudiantes de doceavo grado consumieron marihuana, siendo esta la sustancia más usada después del alcohol, que aunque ha disminuido en los pasados cinco años, sigue siendo la más usada entre los adolescentes de octavo a doceavo grado.

Los jóvenes que comienzan a beber alcohol antes de los 15 años de edad tienen aproximadamente seis veces más probabilidades de desarrollar problemas de alcoholismo que aquellos que comienzan a beber después de los 21 años. Es bueno que lo pongas para mayor credibilidad.

El consumo de alcohol mata a más niños que todas las drogas ilegales combinadas. La mayoría de los accidentes fatales en adolescentes está relacionado con el consumo de alcohol. Los padres deben que estar atentos y conocer los síntomas y los comportamientos que presentan los adolescentes cuando usan drogas o alcohol.

En mi consultorio, he tenido padres que no tenían ni la más mínima idea de ciertos síntomas que presentan los jóvenes cuando están bajo la influencia de las drogas. Recuerdo una vez un padre que me dijo que no sabía que la boca seca o los ojos rojos eran síntomas o señales del uso de marihuana, por ejemplo.

Los padres también necesitan tener el conocimiento de que las drogas actualmente son accesibles a sus hijos y que es importante que mantengan la comunicación con ellos acerca de los peligros del uso de drogas.

Las drogas pueden ser adquiridas a través de sus amigos, en la vecindad, por internet y aun dentro de las escuelas.

Cuando hablamos de uso, abuso o adicción a las drogas, no solo hablamos de marihuana, cocaína, heroína u otro tipo de droga que ha escuchado comúnmente, también se incluyen, adicción a medicamentos, y hasta jarabe para la tos, que muchos de los cuales se compran sin receta médica.

Una vez atendí en terapia, a una jovencita de educación intermedia que tomó una pastilla que una de sus compañeras le había dado y ni siquiera sabía lo que había tomado. No estoy hablando de alguien que acostumbraba a usar drogas, era una niña de su casa, que no tenía problemas de conducta, pero por la insistencia de sus amigas, se tomó una pastillita.

La niña fue encontrada desorientada y confundida, e informó a las autoridades de la escuela que su madre le había dado algo de tomar la noche anterior y no denunció a su amiguita.

Acciones como esta pueden meter en serios problemas a los padres, por eso es importante que usted les hable claramente a sus hijos de los peligros de las drogas y las malas influencias. Pero recuerden, que no es el sermón que los hace cambiar, sino la comunicación abierta. Pregúnteles a sus hijos que piensan de todo lo que ocurre en sus escuelas.

Hace muchos años también, me tocó atender en terapia a una chica de escuela secundaria que combinó dos tipos de drogas y entró en coma. Esta joven era una niña que participaba en el grupo de danza de su iglesia, era muy obediente y el alma de la familia. Ella conoció a un jovencito y comenzaron una relación de noviazgo.

El gran problema fue que el muchacho usaba drogas y este joven la introdujo y sedujo para que participara con él en el uso de cocaína y éxtasis.

Esta jovencita jamás había sido expuesta a este ambiente, pero por querer complacer al novio, accedió y usó estas dos sustancias al mismo tiempo. Inmediatamente tuvo una reacción y cayó en estado de coma por unas cuantas semanas. Al salir del coma, perdió el sentido del olfato y del gusto, esto le hizo perder mucho peso, porque no sentía el sabor ni el olor de la comida.

Cada persona es diferente, por lo tanto, cada cuerpo reacciona diferente a las sustancias. Recuerden que la mayoría de los adolescentes piensan que a ellos no les va a pasar nada y que lo que les pasó a otros no necesariamente es igual para ellos.

Cuando mis hijos estaban en la escuela secundaria, me contaban situaciones que pasaban en sus escuelas. Recuerdo una vez, una estudiante que cursaba el mismo año que mi hija mayor, murió de sobredosis de cocaína.

Recuerdo que esta jovencita era muy dulce, pero que se había involucrado con malas compañías; eso me dio la oportunidad de entablar una conversación con mis hijos acerca de cómo las malas compañías pueden influenciarnos.

Siempre les decía y les digo a mis pacientes, el que te ofrece drogas o hacer algo que dañe tu cuerpo o mente o ponga tu vida en peligro, ese no es tu verdadero amigo.

Hay padres que pueden estar pensando cosas como: "pero yo sé que mi hijo o hija dirá que o jamás hará algo así", "él no es capaz de usar drogas o no hará tal cosa", pues eso no lo podemos asegurar cien por ciento, ya que nuestros hijos están en un momento de muchos cambios, donde hay confusiones, altas y bajas en sus emociones y en momentos pueden escuchar a un supuesto amigo, solo por agradarlos, por participar de sus aventuras o por miedo al rechazo. La Palabra de Dios dice que las malas conversaciones corrompen las buenas costumbres (1 Corintios 15:33 RVR60).

Cuando nuestros hijos se juntan con personas que son de gran influencia en sus vidas, estarán expuestos a cualquier desviación de todo lo que le enseñamos. Debemos ponerlos en nuestras oraciones, todos los días, confiar y descansar en Dios.

La prevención es la clave

La prevención es muy importante cuando hablamos del abuso de sustancias, pero si ya el joven se encuentra en periodo de experimentación o uso de drogas o alcohol, aquí te dejo algunas señales que te pueden ayudar a detectarlo:

• Si tu hijo se está aislando, lo ves deprimido, cansado y descuidado en su aseo personal, cuando antes era muy cuidadoso y limpio con su apariencia (aunque vemos ciertos comportamientos en la adolescencia, que no necesariamente es porque esté usando drogas).

• Si notas hostilidad y falta de respeto hacia ti, es agresivo y no cumple con su hora de llegada, o reglas del hogar.

• Si tiene nuevos "amigos" y no quiere hablar de ellos o no los trae a la casa

• No te informa para dónde va y con quién estará.

- Sus calificaciones bajan repentinamente o no cumple con sus responsabilidades escolares o se escapa de la escuela.

- Pierde interés en actividades o deportes que antes disfrutaba.

- Sus rutinas para comer y dormir cambian de repente, y si ha bajado mucho de peso o se ve muy demacrado.

- Tiene problemas concentrándose, se le olvidan las cosas, luce desorientado o incoherente.

- El dinero desaparece de la casa, sin ninguna explicación.

Aunque estas son algunas de las señales que pueden indicar abuso de drogas o alcohol, es importante que estés atento a otros cambios en tu adolescente, ya que algunos comportamientos son normales en esta etapa.

Aunque los adolescentes minimizan o niegan los daños que causan el abuso de algunas drogas, como la marihuana o el alcohol, éstas pueden interrumpir la función cerebral en áreas críticas, como por ejemplo la motivación, la memoria, el aprendizaje y el control del comportamiento.

Es más, la parte frontal del cerebro, que es la parte donde se maneja el juicio y la toma de decisiones, es afectada, por eso vemos que personas ebrias o bajo el efecto de drogas, piensan que pueden manejar un carro sin ningún problema.

La clave es mantener una comunicación abierta y clara con tu adolescente. No es que seas su *amigote*, sino que seas un padre de mente abierta y que él o ella sepa que puede acudir a ti en momentos de preocupación o duda.

Y que cuando se acerque no lo critiques, sino que lo comprendas, lo guíes y le des el mejor consejo como padre y como la persona que quiere lo mejor para él o para ella. Como padres, necesitamos tener un balance en la crianza de nuestros adolescentes, donde vamos a negociar y a darle más confianza de acuerdo con la responsabilidad que vayan demostrando.

Retos en el área social

Los adolescentes también están en un punto en donde básicamente, viven entre dos mundos diferentes: El de su hogar que, si la familia es estable, logrará sobrepasar las presiones a las cuales son expuestos en la sociedad. Por otro lado, en su escuela o con sus compañeros, en donde hay una mezcla de ideas, costumbres y cosas que van siendo populares en el momento.

Ellos tienen que manejarse en ambas esferas y tienen demandas en ambos lados. Las presiones, imposiciones o influencia a que están expuestos nuestros adolescentes en las escuelas y con sus compañeros es algo que tienen que lidiar día a día.

Redes sociales y la tecnología

Según el Centro de Investigación Pew – Internet y Tecnología, el 92% de los adolescentes reportan accesar a las redes sociales diariamente, y de estos, el 24% dicen entrar constantemente. Según este mismo reporte, la mayoría, el 56% están entre las edades de 13 a 17 años.

Es necesario que los padres limiten el uso del internet y las redes sociales, desde que el niño es pequeño y especialmente cuando van creciendo. El teléfono es desde donde se conectan mas frecuentemente y, aunque se ha convertido en algo necesario para la comunicación y tranquilidad de los padres, especialmente en estos tiempos que estamos viviendo, con tiroteos en las escuelas; también es cierto que no es necesario que estén conectados a internet en todo tiempo.

Los padres somos responsables de aprender acerca de la tecnología. He tenido padres en consulta que no saben manejar muy bien los dispositivos, pero esto es fundamental para que puedan estar pendientes de dónde se meten sus hijos y los peligros que corren en el internet.

Estamos viviendo tiempos diferentes a los nuestros, donde las redes sociales son muy importantes para casi todo adolescente. Lo utilizan para expresar lo que no se atreven a decir personalmente, para obtener la atención que no consiguen en una relación, quizá para alimentar su ego o posiblemente para sentirse mejor con su autoestima. La realidad es que las redes sociales se han convertido en algo fundamental en nuestros jóvenes y también en nosotros, los adultos.

Hay peligros que nuestros jóvenes enfrentan a través de las redes sociales; hemos visto que han sido víctimas del acoso cibernético, de secuestros, engaños y hasta violación en citas hechas a través de las redes sociales.

Los padres deben estar anuentes a los factores de riesgo que están expuestos sus hijos al momento que se conectan a las redes sociales. Situaciones como el acoso cibernético han causado mucho daño a nuestros hijos y en ocasiones han llevado a los adolescentes o preadolescentes a cometer suicidio.

Un caso muy escuchado ocurrió en el estado de la Florida en el año 2013, donde dos jovencitas de 12 y 14 años acosaron a una preadolescente llamada Rebecca, quien llegó a quitarse la vida.

Una de las jovencitas escribió en su cuenta de Facebook, lo siguiente: "Acosé a Rebecca y se suicidó." Aunque esto no es lo que ocurre diariamente, hemos visto que es una manera en la cual se puede hacer, tanto o más daño, que el acoso personal, ya que tiene más alcance.

He tenido en consulta a jovencitas que no quieren ir a la escuela porque levantan calumnias en las redes sociales acerca de ellas, luego en la escuela, son la burla de todos.

Hay consejos que los padres pueden seguir para prevenir el acoso cibernético. Según la página stopbullyin.gov, estas son las recomendaciones:

• Controle los sitios de redes sociales, aplicaciones e historial de navegación de un adolescente, si sospecha que puede haber ciberacoso.

• Revise o restablezca las configuraciones de privacidad y de ubicación del teléfono de su hijo.

• Siga o envíe una solicitud de amistad a su hijo en las redes sociales o pídale a otro adulto de confianza que lo haga.

• Esté actualizado sobre las últimas aplicaciones, plataformas de redes sociales y jerga digital utilizada por los niños y adolescentes.

• Conozca el nombre de usuario y contraseñas del correo electrónico y las redes sociales de su hijo.

• Establezca reglas acerca del comportamiento digital, contenido y aplicaciones apropiados.

"Sexting" o Sexteo

(Combinación de sexo y texto) es un anglicismo que se refiere al envío de fotos o material sexuales por medio de teléfonos móviles, ya sea fotos de él o ella misma o de otros amigos, aunque puede incluir escritos o videos.

Es una práctica común entre jóvenes, y cada vez más entre adolescentes y preadolescentes.

Las repercusiones pueden llegar a ser garrafales, ya que una vez se envía el contenido, está fuera del control de quien lo envió y pueden usarlo en su contra. Es más, muchos jóvenes han caído en depresión o han llegado al suicidio por una imagen fuera de lugar o en manos de personas con mala intención.

Es muy importante que los padres estén atentos a lo que está pasando con nuestros jóvenes y la tecnología que, así como trabaja para bien, puede ser una vía que puede hacerles mucho daño.

Disciplina con amor

El trabajo de los padres durante la adolescencia parece que incrementa, se torna arduo y agotador; muchas veces hay frustración por no lograr disciplinar a su adolescente.

Como padre, tienes una responsabilidad muy importante de disciplinar y encaminar a tu hijo, que está en transición a la vida adulta.

Como dijimos en el capítulo anterior que habla de los niños, la disciplina comienza desde pequeño.

Muchas veces los padres no han tenido una estructura en el hogar o no han puesto los límites desde que el niño era pequeño y cuando sus hijos llegan a la adolescencia, entonces se multiplican los problemas y conflictos. Si no pudiste establecer disciplina en tu hogar, es importante que tu hijo sepa que es necesaria la disciplina no solo en el hogar, sino también en la sociedad y en la vida y el trabajo.

Es imprescindible que los padres se pongan de acuerdo y estén en la misma página a la hora de corregir o disciplinar a sus hijos. No puede uno decir una cosa y el otro decir lo contrario o desautorizar a su pareja, porque ellos toman ventaja de esto. Es necesario que comprendas, papá o mamá, que no eres el mejor amigo de tus hijos. He escuchado esto en muchas ocasiones y no es el mejor enfoque a la hora de educar a tu hijo.

Sí, es necesario que tu hijo sepa que puede contar contigo para lo que necesite, pero también es fundamental que sepa que eres la autoridad y que mientras sea menor de edad, está bajo tu custodia.

Y si ya es mayor de edad y sigue viviendo bajo tu mismo techo, también tiene que seguir las reglas de hogar que le ponen ustedes.

Los adolescentes frecuentemente están pidiendo privacidad, su espacio o que no entres a su territorio, que es generalmente su cuarto.

Ellos deben tener claro que mientras vivan con papi y mami, no hay total independencia o privacidad y que ustedes como padres tienen el derecho de entrar y revisar su cuarto cuando ustedes lo crean necesario, pero esto lo debe tener claro desde pequeño.

Recuerda que no puedes estar vigilándolos las veinticuatro horas del día, lo más importante a esta edad, no es la constante supervisión, porque es imposible, pero sí que ellos vayan teniendo un poco de libertad en la manera que vayan demostrando responsabilidad no solo dentro de la casa, sino en la escuela, trabajo u otras responsabilidades.

Aunque ellos se resisten a la disciplina, a las reglas, también a los abrazos y besos, a ellos les gusta, porque esto les da muchos mensajes. Les dice que ellos son importantes para papi y mami, que ustedes se preocupan por ellos, que quieren que aprendan y que siguen siendo sus hijos amados.

Me gusta recomendar a los padres que, aunque sus hijos no quieran los abrazos y besos, se los den, aunque sea por cinco o diez segundos. Especialistas han hecho encuestas a los adolescentes y han llegado a la conclusión que ellos en el fondo de su corazón desean ser comprendidos y amados, por lo tanto, la disciplina y el afecto son parte de esta demostración de amor para ellos.

A los padres sobreprotectores, les digo que los dejen volar, ustedes no estarán presentes en esas decisiones claves de sus vidas, lo único que pueden hacer es encomendarlos a Dios, confiando en que él los protegerá, pero también demostrarles que son importantes para ustedes. Recuerden la disciplina tiene que ir con el amor y el amor con la disciplina. Así como nuestro Padre Celestial nos ama y nos disciplina, precisamente por ese amor, así mismo nosotros lo debemos hacer con nuestros hijos.

Debemos amarlos incondicionalmente, aprender a separar su comportamiento de su persona. Hay padres que le dicen cosas como "tú eres un vago, insensato, etc., por eso no te quiero".

Nuestro Padre Celestial no nos rechaza porque nos portamos mal, él nos sigue amando de todas maneras, con nuestras fallas y pecados, que son muchas veces, diarios. Jamás le digas a tu hijo o hija que no lo amas por algo que hizo, sino por el contrario, debes explicarles que su comportamiento es inaceptable y tiene consecuencias, pero que lo sigues amando igual, que tu amor por él o ella no cambiará, pero que cada decisión que tome tiene su consecuencia.

Recuerda que el trabajo de un padre es educar, disciplinar, instruir y que tu hijo adolescente va a querer desafiarte, esto es totalmente normal en esta etapa, pero tú como padre debes primeramente educar con tu ejemplo, hacer que tus reglas se cumplan, pero también cumplir las que te corresponden.

Comprendiendo a nuestro adolescente

En los años que he tenido el privilegio de trabajar con adolescentes, he encontrado el mismo patrón, ellos diciendo que sus padres no los comprenden y los padres quejándose de que no los entienden.

Los padres deben tratar de comprender cómo piensan sus hijos adolescentes, que ya no son niños y no les gusta que se les trate como tal, pero tampoco son adultos, aunque esto es lo que anhelan la mayoría hasta que llegan a la "edad adulta," para darse cuenta de que les falta madurar y tomar las responsabilidades que conlleva la vida de adulto.

He visto casos que se encuentran con esta realidad de salir al campo laborar y se quedan como inertes, no sabiendo que hacer o temiendo a las demandas de esta vida de adulto que tanto anhelaron.

Es importante que los padres, como siempre lo menciono, eduquen a sus hijos con sus propios modelos de conductas. No tendremos la moral de corregirlos, si nosotros no hacemos lo correcto y lo íntegro, no solo delante de ellos o de los hombres, sino delante de Dios.

La corrección es algo que por supuesto se comienza desde que el niño es muy pequeño. Si no corriges al niño desde pequeñito, verás los resultados de lo que sembraste, en la adolescencia.

Lo bueno es que tenemos un Dios restaurador, misericordioso y que restituye el tiempo, él nos da muchas oportunidades para comenzar de nuevo, aun con nuestros hijos. Pero tenemos que cambiar lo que hacemos nosotros como padres primero. Muchas veces queremos cambiar a nuestros muchachos, pero nosotros no cambiamos. Nuestro Dios es lleno de misericordia con nosotros, pero a veces no aplicamos esta misericordia con nuestros hijos.

Según estudios, se ha llegado a la conclusión de que los adolescentes lo que anhelan en el fondo es **comprensión y amor.**

Hoy es el día en que tienes que tomar una decisión y sentarte con tu adolescente a conversar, invítalo a una cita, solitos tú y él y sé honesto, sincero y abierto. Si tienes que pedir perdón, por tu actitud o los errores cometidos, no lo dudes, ten por seguro que lo apreciará y verá en ti un modelo a seguir. No te preocupes, que por esto no perderás el respeto y la autoridad, sino por el contrario te ganarás su confianza. La autoridad se pierde por otras cosas que se van acumulando a través de los años, por cosas que vamos permitiendo y aceptando. Todos nos equivocaremos, pero si eres honesto con tu hijo, comenzarás a ver resultados sorprendentes en ellos.

El suicidio

El suicidio es un tema sumamente delicado y del cual no se quiere hablar; sin embargo, es un problema que afecta a muchas familias mundialmente.

El Centro de Control de enfermedades de los Estados Unidos y La Organización Mundial de La Salud (OMS) se refieren al suicidio como un grave problema de salud pública, más sin embargo se puede prevenir.

Algunas estadísticas son alarmantes, veamos:

Las estadísticas más recientes del Centro de Control de Enfermedades reportan casi 45,000 suicidios anuales en Estados Unidos.

· El suicidio es la tercera causa principal de muerte entre jóvenes de 10 a 14 años de edad. Y es la segunda causa entre jóvenes de 15 a 29 años a nivel mundial.

· Según la OMS, casi 800,000 personas se quitan la vida anualmente en el mundo.

¿Quiénes están en riesgo?

Los factores de riesgo van a depender de varios aspectos, como por ejemplo, la edad, el sexo, las influencias culturales y sociales.

Entre los factores de riesgo, vemos que los dos principales son los trastornos mentales o problemas de abuso de sustancias; es más, recientes investigaciones encontraron que el 90% de las personas que cometieron suicidio, tenían problemas mentales o problemas de abuso de sustancia.

Cuáles son las señales que indican peligro de suicidio

Generalmente se presentan cambios en las emociones, en los pensamientos, en los hábitos y en el comportamiento de las personas con ideas suicidas.

· Cuando la persona habla de morir o matarse. O que diga algo como: "Ya no tengo razón para vivir, o mi vida no vale nada", "¿para qué estoy vivo?"

· Cuando esta persona busca formas de quitarse la vida, por ejemplo, busca información en el internet, busca armas, medicamentos, etc.

· El aislamiento o sentirse aislado o rechazado.

· Cuando la persona verbaliza que lo que le apasionaba antes, ya no le interesa más.

· Cuando la persona se deshace de sus pertenencias, esto es una alerta roja.

· Pérdida de interés en las actividades habituales.

· Rechazo a los amigos y miembros de la familia.

· Escribe una o varias notas de suicidio.

Aunque varias de estas señales también pueden ser síntomas de depresión, hay que tomarlos muy en cuenta y estar muy alertas.

No dejes a la persona sola, esto a veces es muy difícil, pero es necesario que ella o él no esté solo en momentos de crisis.

Las amenazas de suicidio significan desesperación y un pedido de auxilio. Siempre se deben tener en cuenta muy seriamente los sentimientos, pensamientos, comportamientos o comentarios acerca del suicidio. Todo niño, adolescente o persona que exprese ideas de suicidio debe ser sometido a una evaluación inmediatamente. No lo tomes a la ligera.

Consejos finales

- Es necesario que los padres se informen de lo que está pasando en la sociedad, alrededor de sus hijos, con sus amigos, en la escuela o en cualquier grupo al cual su hijo pertenezca.

- Es importante reforzar la autoestima de sus hijos, afirmándolos y comprendiéndolos, recuerden que la adolescencia es una etapa muy compleja, pero pasajera.

- Padre, debes estar muy atento de las amistades de tus hijos. Dentro de tus posibilidades, invita a sus amigos a la casa, haz reuniones con sus amigos y cómprales algo de comer, estoy segura que no se negarán a ir, ¿qué adolescente se resiste a la comida?

- Conoce los padres de los amigos de sus hijos. Es muy importante ese vínculo con otros padres que compartan sus mismo principios y valores, pueden darse apoyo mutuo.

- Involúcrate en la vida de tus hijos, a través de tus gustos y preferencias. Por ejemplo, las películas que ven, la música que escucha, sabemos que la música tiene mucha influencia en las personas, especialmente en nuestros hijos, que son más vulnerables.

-Participa en actividades que a ellos les guste y no forzarlos a que hagan lo que a nosotros nos guste, así estarán más dispuestos a participar en actividades familiares.

- Haz una cita individual con cada uno de tus hijos, invítalos a tomar un helado y escúchalos.

- Comunicación abierta: muchos dirán que sus hijos no quieren hablar, pero hay que escuchar más que hablar, los jóvenes no quieren escuchar largos sermones. **Puedes comenzar con preguntas como por ejemplo:**

¿Cuál es el trabajo de tus sueños?
¿Si pudieras ir a algún lugar en el mundo, a donde te gustaría ir y por qué?
¿Qué significa la palabra éxito para ti?

Preguntas abiertas te ayudará a entablar una conversación con tu hijo adolescente. Muy importante es mostrar que estás interesado en lo que te está diciendo, trata de no distraerte o usar el celular en el momento que te está hablando.

- Recuerda, sé ejemplo para ellos en todo tiempo, ellos están más pendientes de tu comportamiento, más que de tus palabras.

- Cúbrelos en oración, confía plenamente en Dios, recuerda que él es el que los trajo a este mundo y son sus hijos, primeramente.

Cierro este capítulo con una promesa hermosa para los padres.

Salmos 115:13-14 (RVR1960):
"Él bendecirá a los que temen al SEÑOR, tanto a pequeños como a grandes. El SEÑOR os prospere, a vosotros y a vuestros hijos."

Preguntas para reflexionar:

¿Estoy haciendo todo lo que está a mi alcance para ayudar a mi hijo o hija en la transición de la adolescencia?

_____

_____

¿Soy extremadamente estricto con mi adolescente o soy muy permisivo?

_____

_____

¿Le pongo límites saludables, tengo estructura o reglamentos en mi hogar?

_____

_____

¿Conocen mis hijos las reglas de mi hogar?

_____

_____

¿Estoy enseñándole con mi ejemplo, soy el modelo que necesita?

_____

_____

Mis notas y pensamientos:

_____

_____

_____

_____

_____

_____

_____

_____

_____

_____

_____

_____

_____

_____

_____

_____

_____

_____

7

EL SISTEMA FAMILIAR

La familia

El ser humano siempre ha tenido la necesidad de ser parte de algo, ya que somos seres sociales y no fuimos hechos para estar solos. Dios en el huerto del Edén, le dijo a Adán: "no es bueno que el hombre esté solo" y creó a Eva, su ayuda idónea. Y desde allí, el hombre comenzó una relación con otro ser humano muy distinto a lo que él mismo era.

Dios nos creó para ser parte de la institución más importante que existe en nuestra sociedad, la familia. El plan de nuestro Creador fue el tener una familia. Por eso nos creó y constituyó la gran familia de Dios, desde antes de la fundación del mundo. Cada uno de sus hijos fue planeado por el Padre, con un diseño y propósito específico, dice la Palabra que no fuimos engendrados ni de sangre, ni de voluntad de carne, ni de voluntad de varón, sino de Dios (Juan 1:13).

No estamos de casualidad en este mundo, sino vinimos con una misión específica que debemos cumplir. Y aunque muchos la desconozcan, este es el fundamento de la razón de nuestra existencia en la tierra. Aun si venimos de un embarazo no deseado, o una violación, el autor de nuestras vidas es Dios.

Debemos tener bien claro que nada pasa por casualidad, somos seres planeados por Dios, con un diseño específico y con un propósito divino que hay que cumplir.

He tenido en mi consulta muchas personas que sufren de diferentes problemas emocionales o mentales, en donde vemos que la raíz de muchos de estos conflictos internos es el no tener claro quiénes son.

Cuando leí **Juan 1:13**, me impactó el saber que mi nacimiento no dependía de mis padres, ellos fueron los canales que Dios utilizó para traerme al mundo, pero fui concebida primeramente en la mente de Dios, él mismo me engendró y después me envió al mundo para cumplir su plan perfecto. ¿Te has puesto a meditar en esto?

Si no lo has hecho, quisiera que ahora mismo, te tomaras un momento para asimilar esto que te estoy diciendo. No sé cómo, ni cuando naciste, pero debes tener claro que no es casualidad que estés en este mundo, imagínate que el Creador del universo, el Todopoderoso, tuvo un sueño contigo desde antes que hiciera la Tierra, te imaginó así como eres, luego te creó y te envió a aquí. ¿No es esto maravilloso? ¿Te sorprende? Pues esa es la realidad de tu existencia.

Muchas personas se afanan por saber su propósito en el mundo, pero si no internalizas y recibes en tu corazón que eres hijo del rey, no podrás ir al siguiente paso.

Solo dile "gracias, Padre Celestial, por darme la vida, por tu misericordia en mi vida y por haberme escogido como tu hijo. Ayúdame a cumplir con tu plan divino, que de hoy en adelante me pueda enfocar en lo que día a día tengo que hacer para cumplir con ese propósito que Dios diseñó para mí."

Ahora, es muy importante tener claro que, para ser hijo, dice la Palabra, a los que lo recibieron, le dio potestad de ser hechos hijos de Dios (Juan 1:12). Así que, si no lo has recibido, ahora es el momento, allí donde estás, solo dile que lo recibes en tu corazón, pero recuerda de creerlo con todo tu corazón. Cada persona que ha recibido a Jesús es hijo de Dios y por lo tanto es parte de esta gran familia del reino de los cielos.

Ya que sabes que eres parte de la gran familia de Dios, puedes estar seguro que en la eternidad estaremos todos junto a nuestro Padre Celestial. Que nuestro destino en la eternidad es una familia.

Ahora, volvamos a la tierra y estudiemos nuestra familia terrenal.

¿Qué es la familia? Veamos de donde viene esta palabra.
Familia: Etimología - (Según el Online Etymology Dictionary) etymonline.com
Latín. Familia "household,"(hogar) incluyendo familiares y sirvientes,
c.1400, "servants of a household,"(sirvientes de un hogar), from famulus "servant," (sirvientes) de origen desconocido.

Hebreo – lo más cerca que se puede parecer a la palabra familia es:
MISHPACHAH (Mis pa ja):
1. Clan (familia, tribu, gente o nación)
2. Gremio (grupo que comparten una manera de vida) (Conjunto de personas que tienen un mismo ejercicio, profesión o estado social)
3. Especias, tipo

Según el diccionario de la lengua española, familia es:
1. Grupo de personas emparentadas entre sí que viven juntas.
2. Conjunto de ascendientes, descendientes, colaterales y afines de un linaje.
3. Hijos o descendencia.

Otras definiciones: "Grupo de dos o más individuos percibidos como interdependientes basados en conexiones sanguíneas, lazos legales u obligaciones verbales explícitas."

Familia: "Conjunto de personas, unidas por descendencia, matrimonio u otras relaciones —incluyendo, según las culturas, la adopción y aún la propiedad— que conforman una unidad doméstica, compartiendo residencia y cooperando económicamente."

La familia constituye un conjunto de individuos unidos a partir de un parentesco, conexiones sanguíneas, lazos legales u obligaciones. La familia nuclear o círculo familiar, solo incluye a la madre, al padre y a los hijos en común. La familia extensa, por su parte, tiene un alcance mayor ya que reconoce como parte del clan a los abuelos por parte de ambos progenitores, así como también a los tíos, a los primos y demás parientes.

El matrimonio es el núcleo que debe estar cimentado en la roca que es Cristo. Por esto es necesario que los esposos tengan una vida espiritual individual y compartida, es decir que estudien la Palabra juntos, oren juntos y también cada uno tenga su intimidad personal con el Padre Celestial.

La familia es un sistema

Es importante que sepamos que, aunque cada uno es un ser único e individual, también somos parte de la familia, que es un sistema que funciona en armonía cuando cada uno de sus miembros está sano emocional y psicológicamente. Me gusta explicar a mis pacientes, que cada acción que tenga cada miembro de la familia afecta a los otros y me gusta dar un ejemplo donde lo puedan ver claramente.

Para ilustrar el sistema familiar, me gusta tomar de ejemplo el sistema digestivo, el cual todos estamos familiarizados. El sistema digestivo comprende de varios órganos donde cada uno es de suma importancia para el funcionamiento óptimo de nuestra nutrición, y así podamos gozar de una buena salud.

Cuando echamos un vistazo a nuestro sistema digestivo, vemos que cada órgano tiene una forma diferente, un tamaño diferente y una función diferente. Comenzando desde nuestra boca, la lengua, los dientes, el esófago, estómago, intestinos y el ano, que son estos últimos los menos decorosos, pero como dice la Palabra, cada uno representa a cada uno de nosotros dentro de la familia.

Somos únicos y especiales, cada uno aporta a la familia, ya sea negativa o positivamente en nuestra manera de ser y pensar. Por eso es importante que entendamos que cuando hay un desbalance o una crisis en uno de nuestros miembros, afectará a todo el sistema. Y cada uno tomará la situación de acuerdo a lo que tenga dentro de sí.

Pienso que aunque somos parte de este sistema familiar, es importante que tengamos claro que somos únicos y que cada uno de lo mejor de sí dentro de su familia, que es única también.

Casa versus Hogar

Aunque las palabras casa y hogar a simple vista pueden ser usadas como sinónimos, en el trasfondo del significado de cada una, nos damos cuenta que hay mucha diferencia entre ellas. Vamos a explorar en profundidad el significado de cada una de estas palabras.

Hay muchas personas viviendo en casas y no en hogares. Pero ¿cuál es la diferencia entre estas dos palabras? Son desiguales, vamos a definir estas palabras primeramente según la Real Academia de la Lengua Española.

Casa: "edificio o estructura". En otras palabras, una construcción con paredes es la parte física, visible y tangible. Hay casas inmensas como las mansiones y casas pequeñas, lo importante no es el tamaño en sí, sino la familia que vive dentro de ella, es la familia lo que constituye un verdadero hogar. En otras palabras sin familia, no hay un hogar.

Hogar: Por otra parte, viene del latin 'focaris', 'focus' o fuego. "sitio donde se hace la lumbre en las cocinas, chimenea, hornos de fundición." Viene de la palabra hoguera, ¡qué interesante!

Mientras que la palabra casa se refiere a una estructura física, a algo construido por la mano del hombre; la palabra hogar se define como un lugar donde hay calor. Y eso es precisamente donde está la diferencia, el hogar es un lugar donde la familia se abriga, se consuela, se apoya y se brinda amor.

Es donde está ese calor humano que no se puede construir con cosas materiales, solo cosas intangibles, que no se compra con dinero, ni con todo el oro del mundo.

Cosas como el amor incondicional, la paz, armonía, apoyo, comprensión, etc., son las que tenemos que valorar con todo nuestro corazón y vivir agradecidos con estos regalos que no se les puede poner precio, pues son demasiado valiosas.

Si en tu caso tienes un hogar, démosle gracias a Dios por esta bendición tan grande.

Tal vez hasta ahora no habías pensado en esto como una gran bendición, pero la verdad es que ¡es maravilloso! Te lo puedo decir por las tantas personas que conozco que tienen una casa con gente, pero que no se consideran familia, que se la pasan peleando y tratando de ver cómo dañan al otro o cómo toman venganza por lo que le hizo el otro.

He conocido a gente que aparentemente no le falta nada en sus casas, que tienen todos los lujos del mundo, pero que no viven en paz porque hay envidia, celos y contiendas la mayoría del tiempo.

Si no has tenido la oportunidad de tener una familia saludable, que se amen que se apoyen, nunca es tarde. Puedes comenzar contigo a construir en tu vida primero, para que después puedas impactar a los de tu entorno. Tal vez cueste un poco al principio, pero con esmero y amor puedes comenzar hoy mismo.

La buena noticia es que sí se puede construir hasta de las cenizas. Dios nos llama al ministerio de la reconciliación. **2 Corintios 5:18 (RVR1960)** dice: "Y todo esto proviene de Dios, quien nos reconcilió consigo mismo por Cristo, y nos dio el ministerio de la reconciliación."

Puede ser que pienses que tu familia es imposible, que nunca va a cambiar, pero para Dios no hay nada imposible. Muchas veces creemos que tenemos que cambiar al otro para que todo sea diferente, pero la realidad es que no podemos cambiar a nadie. Al único ser que podemos cambiar es a nosotros mismos.

Y si cambiamos nosotros, con un corazón contrito y humillado delante de nuestro Padre Celestial, entonces veremos que nuestro entorno cambia.

Si confiamos en lo que la Palabra de Dios dice, seremos testigos de cambios sorprendentes en nosotros primero y después en nuestras familias.

Nuestro amado Padre es un Dios de restauración, de segundas, terceras y muchas oportunidades y él lo puede todo, si tienes un corazón dispuesto a cambiar. Y con mucha más razón, si se trata de la familia.

Pero ¿qué dice la Palabra acerca de la familia?

El fundamento del reino de los cielos es que está basado en una familia. Hay un Padre Todopoderoso que quiso compartir de la esencia que él es, amor, con sus hijos.

Dios, en su infinita misericordia nos llamó a ser parte de esta gran y maravillosa familia. Es un privilegio ser hijo del Creador, del Todopoderoso, y saber que tenemos derecho legal a la autoridad, herencia y a todo lo que un hijo tiene acceso.

Pero es muy importante que te puedas ver como hijo o hija para que comiences a ubicarte en esta gran familia y disfrutar de todos los privilegios que ya Dios determino desde antes de la fundación del mundo. Este acceso a las riquezas en todos los sentidos, el Padre quiere que los disfrutemos aquí en la tierra y no cuando ya no estemos aquí.

La Palabra nos habla de muchos versículos donde nos exhorta a proclamar, decretar y recibir lo que es de nosotros por derecho legal.

Por eso es importante que sepas quién eres y de dónde vienes, para saber qué tienes y a dónde vas.

Un ejemplo que me gusta exponer es el de una persona que vive sin saber de su familia de origen, ni de dónde es, ni quiénes son sus padres. Y de repente se da cuenta que pertenece a una familia de muchas riquezas. Que fue llamado por esta familia con todos los derechos legales que tiene un hijo. A esta persona le cambiará la vida, aunque tendrá que pasar por un proceso en muchos sentidos, antes de unirse a su familia de origen.

Primero tiene que reconocer que es hijo legítimo, que tiene una posición dentro de esa familia, tiene que comenzar a verse como tal. Segundo tiene que comenzar a conocer o a tener la información de todo lo que le pertenece.

Después que esta persona conoce su posición, autoridad dentro de esta familia, sus privilegios, riquezas, un nombre, etc. Ahora, esto es solo el comienzo, esta persona necesita un cambio de mentalidad para poder cumplir con los requisitos de ser parte de la familia de alto estatus social. Por ejemplo, si esta persona estaba acostumbrada a vestir de una manera, tendrá que adaptarse a la nueva manera de vestir que requiere, dependiendo de los eventos que tenga que asistir.

Asimismo, cuando el Señor nos llama, nos viste de lino fino. Tenemos una vestidura que significa autoridad y esto es por su gracia y misericordia.

La iglesia, en el sentido formal, aún no se había fundado cuando Dios estableció la familia como una institución.

¿Por qué la familia es la primera institución? Porque es básica y fundamental. Siendo la familia el núcleo de la sociedad, es fundamento para establecer bases morales y valores que puede cambiar una nación completa.

En toda la Biblia vemos cómo Dios pone énfasis a la familia y a los roles específicos que tienen cada uno de los miembros.

En la Palabra encontramos reglas, mandamientos que involucran desde los padres hasta los hijos o las demandas específicas según sea su posición dentro de este vínculo familia. Por ejemplo, el padre de familia es el proveedor, así como también el protector y responsable como cabeza de hogar, el guiar, instruir a sus hijos.

Dios también estableció el matrimonio como base dentro de la familia. Siendo el matrimonio el pilar o el fundamento que levanta una familia completa, es importante que los matrimonios sean fortalecidos y establecidos con bases morales y espirituales que los lleven a mantenerse en este mundo lleno de corrupción y libertinaje.

Las estadísticas actuales acerca de los divorcios apuntan a un estimado de 40% en Estados Unidos y esto incluye matrimonios cristianos. Hay muchos factores que están influyendo a incrementar los divorcios en la sociedad y uno de esos es la falta de intimidad dentro del matrimonio.

Cuando hablamos de intimidad no solo hablamos de la parte sexual, sino de las relaciones íntimas en todos los aspectos, tales como la comunicación, la amistad, confianza, compañerismo, el tiempo de calidad y el compartir emociones, experiencias, secretos, inquietudes con total honestidad.

Con el mundo tan acelerado en que vivimos, la tecnología, el trabajar sobre tiempo, las actividades extracurriculares y muchas otras cosas que nos quitan el tiempo o que simplemente se pierde el tiempo, los matrimonios han sufrido las consecuencias de todas estas causas, dejando a un lado uno de los ingredientes más importantes que es el tiempo de intimidad.

En el capítulo del matrimonio hablamos en detalle y damos consejos de cómo mejorar la intimidad en el matrimonio.

Efesios 2:19 (RVR1960)
"Así que ya no sois extranjeros ni advenedizos, sino conciudadanos de los santos, y miembros de la familia de Dios."

Somos parte de la familia más maravillosa que existe, la familia de Dios. Nuestro amado Padre creó al hombre primeramente para que alabara su santo nombre y también para tener una familia. Esto es lo que había en el corazón de Dios. Jesús se refirió en todo momento a Dios como su Padre.

El niño refleja lo que pasa en la familia

La familia es la base de la sociedad. Sabemos que según muchos estudios, lo que el niño o el adolescente manifiesta en público, es lo que vive en su propio hogar. En otras palabras, para saber lo que se mueve en una familia, solo te basta con ver el comportamiento del niño en la escuela o en la sociedad. Es más, las maestras pueden tener una idea de lo que el niño vive en su casa, solo por ver el comportamiento en el aula escolar. Por ejemplo, un niño que no respeta a su maestra o a sus compañeros, generalmente no respeta a sus padres o a sus hermanos. Un niño que no respeta los límites y las reglas en la escuela, lo más seguro es que en su casa no haya una estructura en la disciplina o que simplemente no respete las reglas en su casa y por supuesto no tenga consecuencias, si rompe las reglas.

Las primeras enseñanzas en los niños la aprenden en su casa, especialmente con sus padres o los cuidadores. No podemos pretender que un niño sepa las limitaciones, si en su casa no le han modelado y enseñado que existen estos límites, primeramente, en su casa y en la sociedad.

Etapas de los ciclos de la vida familiar

Así como cada individuo tiene etapas en la vida, como la niñez, la adolescencia y la vida adulta, así mismo toda familia vive etapas por la cual pasa.

Hay muchos especialistas en el campo de la terapia familiar que estudian las etapas de los ciclos de la vida en familia y aunque casi todos pasamos por etapas similares, cada familia es única y puede ser que algunas etapas sean diferentes para ellos.

Separación familiar

La familia sufre mucho cuando se separa. Muchos de nosotros, especialmente los inmigrantes que tenemos que trasladarnos a otros países, algunos por situaciones políticas, otros por situaciones familiares o económicas. No importa cuál sea la razón por la cual alguien tuvo que dejar a su familia, todos los que se separan de su familia, pasan situaciones muy difíciles.

Viví la separación de mi familia, cuando en el año 1988 decidí seguir al hombre de mi vida, mi esposo. Nunca pensé que sería tan difícil esta separación de los seres que más amaba y que habían compartido todas y cada una de las etapas de mi vida. Fue hasta el momento que el avión despegó, que me di cuenta de lo que dejaba atrás y que no sabía cuándo los volvería a ver.

Lloré por un mes completo, pero sabía que este país abriría muchas puertas de oportunidad para nuestra familia y así fue. Si estás recién llegado a este país o si vives en otro país y tu familia se ha separado para buscar un mejor futuro, mantengan los lazos de amor y la comunicación, no dejen que la distancia física los separe como familia.

Sé que muchos dicen: "yo nunca me hubiera separado de mis hijos", es verdad, es muy difícil, pero conozco muchas de esas familias que sacrificaron mucho y que ahora ven los frutos de ese sacrificio y sus hijos han tenido la oportunidad de prepararse, estudiar y salir adelante.

No hay que juzgar a nadie, cada caso y cada familia es diferente. En realidad, creo que lo más importante es mantener el vínculo familiar, esa conexión que muchas veces no tiene que ver que tan cerca o lejos estén, ya que he conocido familias que viven muy cerca, pero que no se comunican, ni se reúnen para pasar tiempo de calidad juntos.

Cantidad versus Calidad

Cuando hablamos de cantidad nos referimos a número, a porción o tiempo. Por otra parte, cuando decimos que hay calidad, queremos decir que hay superioridad, que es mejor.

Es extremadamente necesario el compartir tiempo de calidad con la familia y comenzar con este buen hábito desde que los niños son pequeños. Allí estás sembrando un hábito de sacar tiempo con la familia, le estás enseñando con acciones que el tiempo familiar es de mucho valor, es precioso y necesario. Así este niño pondrá en práctica en su propia familia cuando llegue a una edad adulta, lo que fue fundamentado en su familia.

Aunque la cantidad del tiempo también es importante, quiero recalcar que la calidad es mucha más valiosa. Por ejemplo, un padre puede estar todo el día con sus hijos, en casa, y estar en la computadora, mientras que los hijos están viendo televisión o entretenidos con el videojuego.

Tal vez estuvieron 14 horas juntos, pero en realidad no compartieron sus ideas, preocupaciones o ni siquiera se dieron un abrazo durante todo el día.

Como dijimos anteriormente que cada persona es diferente, cada hijo es diferente y debe tener un lugar muy especial dentro de la familia, así que es recomendable que usted le dedique tiempo individual a cada hijo.

Esto hará que cada uno se sienta especial y tendrán la oportunidad de comunicarse de uno a uno, sin la interrupción de los otros.

Consejitos para aprovechar el tiempo de calidad al máximo

- Planea con anticipación la actividad y el tiempo que será separado para este momento, pero no seas extremadamente rígido con este tiempo, ya que pudiera darse cualquier inconveniente y retrasar el momento de calidad.

- Trata que cuando salgas con tus hijos, no traigas nada de trabajo o cualquier distracción que le quite la atención a tu hijo y a la actividad que planearon. Por ejemplo, apaga el celular o no contestes si recibes una llamada, esto por supuesto, si no es de emergencia.

- También es importante que seas flexible dentro de la actividad, especialmente si esto incluye a tus hijos más pequeños, la atención de los más pequeñitos es limitada y esto va variando de acuerdo con la edad del niño y el tipo de actividad. Entre más pequeño, menos tiempo de atención tendrá.

- Escoge actividades que tu hijo disfrute, hay veces que los padres queremos hacer lo que nos gusta y no tomamos en consideración a nuestros hijos. Pregúntale con anticipación y hagan una lista de actividades que verdaderamente él o ella quiera participar o disfrute. Muchas veces los padres se quejan de que sus hijos no los acompañan en sus pasatiempos, pero no se dan cuenta o ni siquiera le han preguntado si le gusta la actividad. Ellos agradecerán que tú los tomes en consideración.

- Relájate, hay veces que los padres están muy estresados y preocupados por cosas que los llevan a peleas o ansiedades que son innecesarias y muchas veces echan a perder el momento, que se supone iba a ser de diversión y de bendición. Debes estar preparado para cualquier cambio o tener a la mano un plan "b" o "c", en caso de que tengan que cambiar el programa.

Las necesidades del ser humano

Todos necesitamos sentirnos valorados, amados, respetados. Saber que somos importantes en la vida de otros, saber que le importamos a alguien más, que somos parte de una familia. Pero ¿cómo llenamos las necesidades de cada uno?

- Amando incondicionalmente: **1 Corintios 13:4-6 (RVR1960)**: "El amor es sufrido, es benigno; el amor no tiene envidia, el amor no es jactancioso, no se envanece; no hace nada indebido, no busca lo suyo, no se irrita, no guarda rencor; no se goza de la injusticia, más se goza de la verdad."

- Con palabras: Hay personas que necesitan afirmación. Mujer, tu marido necesita saber que lo admiras y que lo respetas. Así que, a honrarlo con tus palabras, dile lo orgullosa que estas de él, como esposo y padre de tus hijos.

- Con acciones: Muchas veces decimos palabras y nuestras acciones no son congruentes con lo que decimos.

- El hombre protegiendo o cuidando a su mujer y tratándola como una flor de tu hermoso jardín.

Tu esposa necesita sentirse amada, y tus palabras son muy importantes para ella. Hay veces que los hombres piensan que decir un "te amo" todos los días está de más, porque ella sabe que la ama. Jamás un "te amo" con acciones que sean congruentes con lo que le digas, serán rechazadas. No puedes decir "te amo", si la maltratas física o verbalmente.

- Compartiendo juntos: Es necesario que saquen un tiempo para estar juntos. Recuerdas, varón de Dios, ¿qué hiciste para conquistar a esa bella princesa? Sí, pues has lo mismo, no importa si estás recién casado o tengas treinta años de matrimonio.

- Nunca compararse con otros: Por ejemplo, un hombre no debe comparar la manera de cocinar de su esposa de cómo lo hacia su mamita. Mujer, no compares a tu esposo con el esposo de tu hermana que le gusta reparar cada cosa que se daña en el hogar.

La familia es nuestro primer ministerio

Es importante que tengamos esto bien claro, que nuestra familia es el tesoro más valioso que Dios nos regaló, el ministerio al cual debemos poner como prioridad en nuestras vidas.

"...Me pusieron a guardar las viñas; Y mi viña, que era mía, no guardé." Cantares 1:6b (RVR60)

Hay veces que nos dedicamos a todo lo demás y descuidamos nuestra casa, nuestra familia, que es nuestro primer ministerio. Muchas ocasiones somos los mejores consejeros, ministros, pastores, trabajadores, empresarios; y nuestra familia sufre esta falta de tiempo de calidad que es fundamental en cada hogar.

Cuando nos conocemos y comprendemos, no vamos a estar a la defensiva. El matrimonio es un equipo y tienen que trabajar juntos.

Eclesiastés 9:9 (NTV):
"Vive feliz junto a la mujer que amas,
todos los insignificantes días de vida que Dios te haya dado bajo el sol. La esposa que Dios te da es la recompensa por todo tu esfuerzo terrenal."

El Plan perfecto de Dios para las familias: El amor

Dios tuvo un sueño con cada uno de nosotros. Él quiso tener una familia y la constituyó en la tierra. Nos ha dado la oportunidad de ser parte de esa gran familia. Además, nos exhorta a que hagamos el bien, y en especial a nuestra familia en la fe.

Gálatas 6:10 (RVR1960):
"Así que entonces, hagamos bien a todos según tengamos oportunidad, y especialmente a los de la familia de la fe."

Dios, primeramente es un Padre amoroso, no condenador. Muchas personas que he conocido me hablan de un Dios casi sádico que está muy por encima de nosotros y que desde esa posición nos mira en cada falta que hagamos para traer el palo y darnos por la cabeza. Pues ese no es el Padre que yo conozco.

Mi Padre Celestial es un padre que primeramente es amor, y que, por ese amor tan inmenso por nosotros fue capaz de dar lo más preciado, que fue su hijo Jesús, por rescate de muchos. Hay veces que les pregunto a las personas: "si te dirían que dieras a tu hijo o hija para salvar al pueblo o ciudad más perdida de tu país, ¿lo harías? ¿Entregarías a tu hijo para que lo crucifiquen a cambio de salvar a muchos? ¿Verdad que no lo harías?" Bueno, eso fue lo que hizo ese Padre amoroso por cada uno de nosotros.

Dios quiere restaurar las familias. Es necesario que todo ministro de Dios tenga paz, armonía y que sea un ejemplo en su propia familia. Si no podemos gobernar o lidiar con los problemas de nuestros propios hogares, ¿cómo podremos ayudar a otros? Tenemos que ser el ejemplo y trabajar en los cambios necesarios para llegar a la restauración en nuestros hogares.

Lidiando con las crisis familiares

La Palabra de Dios nos dice que en el mundo tendremos aflicciones, pero que confiemos, que él ha vencido al mundo. Al venir a esta tierra, como dice la Palabra, donde satanás reina, estamos expuestos a pasar por momentos difíciles. Aunque esto es inevitable, podemos tener la certeza que ya Jesús venció.

Cada familia a través del curso de la vida pasa por momentos difíciles. En los años que tengo de experiencia en el campo de la consejería familiar, he visto situaciones bien difíciles y adversas en las familias que me ha tocado tratar.

He visto situaciones en donde, solamente con la ayuda de Dios, familias enteras se han sostenido pese a que han perdido familiares de manera trágica, esposos, hijos, hermanos.

El trauma de la pérdida de un hijo

Uno de los casos más fuertes que traté hace muchos años fue cuando unos padres vinieron por terapia de duelo, porque habían perdido a su hija adulta en un accidente en una de las autopistas más concurridas de Miami. Estos padres venían inconsolables.

Y por cierto, no hay nada que puedas decir a unos padres para traer consuelo y menos en momentos de crisis como este. Lo único que puedes hacer, es estar allí con ellos y guiarlos en la medida que ellos vayan aprendiendo y entendiendo lo que están pasando en este proceso de duelo, que es muy difícil y diferente para cada ser humano.

Este caso me impactó muchísimo porque involucraba no solo el proceso de muerte, sino un trauma por el tipo de muerte de esta joven.

Ella tenía problemas de alcoholismo y drogadicción y sus padres lidiaban, cada uno de manera diferente, con este problema de adicción. La madre estaba muy enojada y se frustraba cada vez que la hija se embriagaba o drogaba. Por otro lado, el padre era más tolerante y trataba de darle el cariño y compresión a su hija.

Una madrugada, la hija había tomado mucho y manejó su carro por la autopista, cuando una de las ruedas del carro se dañó. Ella, aparentemente se bajó del carro y decidió cruzar la autopista.

Tomó su cartera y su GPS, e intentó cruzar la calle, cuando fue atropellada por dos carros que iban a una velocidad de aproximadamente 90 a 100 millas por hora. Está de más narrar cómo quedó esta joven después de un doble impacto.

Fue tanto el dolor no solo por la muerte, sino por el tipo de muerte, que sus padres estaban aturdidos, aun después de varios meses. El funeral no fue como otros funerales, donde se puede ver el cuerpo. Bueno, ellos ni siquiera tuvieron la oportunidad de reconocer el cuerpo de su hija, ya que quedó totalmente desmembrada. En el funeral solo pusieron una foto de la joven y la madre sufrió varios ataques de histeria. Era tanto el dolor que no podía soportarlo.

Cuando procesamos terapia de duelo, vemos cómo fue la relación entre el fallecido y la persona pasando por el duelo. Y una de las preguntas que hacemos es ¿cómo se llevaban? y ¿qué fue lo último que le dijiste? Cuando llegamos a este último punto, en este caso, noté que el padre trataba de entender la adicción de la hija y lo último que le dijo fue que la amaba.

Cuando le tocó a la madre, ella rompió en llanto y dijo que lo único que le decía a su hija eran cosas negativas y que la insultaba porque estaba cansada de sus mentiras y manipulación para emborracharse.

La madre no podía canalizar sus emociones y le provocaba mucha ira el pensar que ya no podía cambiar el pasado y todo lo que le dijo a su hija.

Durante el proceso de duelo se pasa por varias etapas y una de ellas es precisamente la ira. No hay un orden específico de estas etapas y cada persona es diferente cuando se trata de lidiar con el duelo. Esto dependerá de la relación con la persona fallecida, no es lo mismo un hijo, que una amistad cercana.

Nadie tiene puede decirle a alguien cómo debe sentirse cuando está en el proceso de duelo.

Mucha gente se acerca y dice: "pero yo sé cómo te sientes" esto es lo que nunca se debe decir, ya que uno jamás puede saber cómo se siente la otra persona.

Una de las características de las crisis familiares es que puede pasar dos cosas, especialmente en los esposos. Y es que la crisis los une más o los separa.

Es necesario que la familia tenga el fundamento de Jesús en sus vidas, así como dice la Palabra, que vino tormenta y viento y no tumbó la casa que estaba fundada sobre la roca, mas la casa fundada sobre la arena se vino abajo.

Mateo 7:24-27 (RVR1960):

"Por tanto, cualquiera que oye estas palabras mías y las pone en práctica, será semejante a un hombre sabio que edificó su casa sobre la roca; y cayó la lluvia, vinieron los torrentes, soplaron los vientos y azotaron aquella casa; pero no se cayó, porque había sido fundada sobre la roca.

Y todo el que oye estas palabras mías y no las pone en práctica, será semejante a un hombre insensato que edificó su casa sobre la arena; y cayó la lluvia, vinieron los torrentes, soplaron los vientos y azotaron aquella casa; y cayó, y grande fue su destrucción."

Seamos sabios como este hombre, para que nuestra familia sea fortalecida en esos momentos difíciles que pasamos todos los seres humanos.

Me ha tocado trabajar con muchísimas familias, creyentes y no creyentes. Familias que creen en Dios y familias ateas. Y si hay algo donde se ve la gran diferencia cuando hay crisis familiares, es su fe y cómo ven a Dios. Aun personas que son muy devotas a su fe, en el momento de una crisis es donde podemos ver cómo está fortalecido su interior y cómo ven a Dios.

2 Corintios 4:8-9 (RVR1960):
"que estamos atribulados en todo, mas no angustiados;
en apuros, mas no desesperados; perseguidos, mas no
desamparados; derribados, pero no destruidos."

No es que no te sientas triste, atribulado, o con estrés, esto
es parte de vivir en este mundo. La cosa es no desesperarse y
confiar en que tenemos un Dios Todopoderoso que cuida de
nosotros. El creer en él no es suficiente, debemos creerle a él
y a su Palabra, que se cumple al cien por ciento.

Consejos para lidiar con las crisis

Primeramente, mantén tu fe y cree en su Palabra.
Apóyate en tu familia, amigos, gente de confianza, y sino la
tienes, busca ayuda, no te quedes solo en casa.

Si ves que la crisis por la que estás pasando, te está
desestabilizando o no puedes lidiar con el problema, no te
sientas mal en buscar ayudar profesional o de tu líder en la
iglesia. Todos necesitamos en algún momento a alguien que
pueda ver el problema desde otro punto de vista o de otro
ángulo.

Comunica tus sentimientos, emociones, dudas, temores a
esa persona sabia que te pueda escuchar. Hay veces que solo
necesitamos ser escuchados o necesitamos el hombro de una
persona de confianza, llena del amor de Dios.

Dios comienza en casa

Es necesario que seamos honestos con nosotros mismos,
humildes y valientes para aceptar que hay cosas que no están
correctas delante del Señor.

Dios no rechaza un corazón arrepentido que sea capaz de aceptar y trabajar para cambiar lo que sea necesario. Ahora es el momento de tomar una decisión y cambiar para el bien de nosotros mismos y de nuestra familia.

La familia debe ser el centro principal de apoyo de cada miembro. Debe ser el lugar donde somos auténticos, honestos, íntegros y que reine la paz y el amor de Dios. El lugar donde se ayuden a resolver problemas, donde cada opinión cuente y se llegue a una sola meta, que es glorificar el nombre de Dios en todo lo que se haga.

El legado familiar

Cada uno de nosotros somos responsables de nuestras acciones y de las memorias que vamos dejando en nuestros seres queridos. Cada palabra, decisión, acción o las cosas que prometimos y que no cumplimos tiene una huella en los corazones de nuestras familias.

Es importante que, aunque seamos jóvenes, pensemos en el legado que dejaremos a nuestra familia. Hay personas que les toca partir de este mundo a una edad temprana y desde pequeños forjaron un legado de lucha, perseverancia y respeto. Y serán recordados por esa manera de ser que impactó a muchos.

En cambio, hay otras que llegan a la edad anciana sin muchas cosas positivas que aportar, especialmente a sus hijos. Personas tal vez que han autodestruido sus vidas con pesimismo, adicciones o falta de interés por los demás.

Es fundamental que de hoy en adelante definamos qué legado vamos a dejar a nuestros seres queridos, y aunque seas mayor, nunca es tarde para comenzar a construir este legado.

Piensa en un momento ¿por qué te recordarán? Y ahora piensa ¿por qué quieres que te recuerden?

Haz una lista y comienza a trabajar en eso.

Para reflexionar:

¿Estoy dando lo mejor en el rol que me toca dentro de mi familia?

_____

_____

¿Estoy apoyando a mi familia en las diferentes situaciones o estoy distanciado emocionalmente?

_____

_____

¿Qué puedo hacer para mejorar mi rol familiar?

_____

_____

¿Qué legado estoy dejando a mi familia?

_____

_____

Mis notas y pensamientos:

_____

_____

_____

_____

_____

_____

_____

_____

_____

_____

_____

_____

_____

_____

_____

_____

_____

PALABRAS FINALES

La razón principal por la cual escribí este libro primeramente fue por obediencia a mi Padre celestial. Como mencioné en la introducción, el Señor me levantó una mañana y me dijo "quiero que escribas un libro"; y en menos de 5 minutos, Dios me había literalmente dictado los capítulos y dado el concepto de este libro. No sabía en ese momento que sería un viaje súper emocionante y lleno de arduo trabajo y horas de dedicación.

Lo que les presento aquí, es una condensación de muchos años de experiencia personal y profesional, es producto de horas de investigación, es brindarles el conocimiento que he recibido a través de los años.

Es algo práctico para que cada familia pueda aplicar estos conceptos, herramientas y consejos a sus vidas diarias. Todos y cada uno de nosotros somos parte de una familia, así que espero que lo que está plasmado aquí sea de bendición en tu vida. Pero recuerda que cada uno de nosotros también somos parte de la familia más hermosa que ha podido existir, ¡la gran familia de Dios!

Bibliografía

[Buscandoo SanaDoctrina]. (2012, 7 de setiembre). Yiye Avila - Testimonio Asesinato de su Hija Carmen Ilia Ávila. [Archivo de video]. Recuperado de https://www.youtube.com/watch?v=FeC8EGJPAvQ

Family [Def. 1]. (n.). Online Etymology Dictionary. Recuperado de https://www.etymonline.com/word/family

Familia. Diccionario de la lengua española (ed. Del tricentenario). Recuperado de http://dle.rae.es/?id=HZnZiow

Hayes, G. (2008). CDC Online Newsroom - Press Release - Estudio de los CDC advierte sobre muertes causadas por el juego de la asfixia. Recuperado de ttps://www.cdc.gov/media/pressrel/2008/rs080214.htm

Leaf, C. (2009). The gift in you (Primera ed., pp. 49-65). Southlake, Texas: Inprov, Ltd.

Napoli, V., Kilbride, J. and Tebbs, D. (1996). Adjustment & growth in a changing world. (Quinta ed.) Minneapolis/St. Paul: West Pub. Co.

Rice, F. (2001). Human development. (Cuarta ed.) Upper Saddle River, NJ: Prentice Hall.

Sexual Behaviors | Adolescent and School Health | CDC. (2018). Recuperado de https://www.cdc.gov/healthyyouth/sexualbehaviors/index.htm

Subramanian, C. (2013). Special Prosecutor Will Probe Missouri Rape Case | TIME.com. Recuperado de http://nation.time.com/2013/10/16/special-prosecutor-will-probe-missouri-rape-case/

ACERCA DE LA AUTORA

La Dra. Isabel Alacán nació en Panamá. Emigró a los Estados Unidos para radicarse en la ciudad de Miami donde actualmente reside con su familia. Realizó estudios en psicología en la Universidad Internacional de La Florida (FIU). Posteriormente, continuó su carrera con una maestría en psicología con especialización en Salud Mental en Nova Southeastern University.

Luego de terminar su postgrado, tuvo la oportunidad de poner en práctica todo lo aprendido a través de internados, en varias áreas de especialización. Algunas de estas áreas incluían: manejo de la ira, abuso de sustancias, autoestima, violencia doméstica, crianza de los hijos, terapia individual y de grupos, entre otras.

Finalmente, y luego de haber entregado su vida completamente a Dios, la Dra. Isabel Alacán logró uno de sus sueños, el de completar su doctorado en consejería clínica cristiana en la Universidad Revelation, en la ciudad de Miami. La Dra. Isabel recibió un reconocimiento por su servicio a la comunidad por parte del congreso de los Estados Unidos en el año 2011. En su consulta privada, ofrece sus servicios de consejería familiar, con integridad, en un ambiente sumamente profesional y confidencial.

Además, ofrece diferentes talleres, seminarios y conferencias, a iglesias, escuelas, universidades, empresas, grupos y centros comunitarios, tales como: Descubriendo tus Talentos, Manejo de la Ira, Manejo del Estrés, Venciendo la Depresión, Manteniendo la Llama en el Matrimonio, Renovación Mental, Autoestima, Sexualidad en la Mujer, Crianza de los Hijos, Padres para esta Generación, Relaciones Interpersonales, entre otros.

Si deseas escribirle a la autora, o quieres mayor información acerca de sus seminarios y conferencias, puedes comunicarte a través de estas vías:

Correo electrónico:
doctoraisabelalacan@gmail.com
www.FamiliasTransformadasLibro.com
www.IsabelAlacan.com

70785325R10110

Made in the USA
Middletown, DE
27 September 2019